U0597039

强健之源

# 中国功夫

## 中华武术历史与文化

肖东发 主编　张学亮 编著

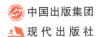

中国出版集团

现代出版社

**图书在版编目（CIP）数据**

中国功夫 / 张学亮编著. — 北京：现代出版社，
2014.11（2020.01重印）

（中华精神家园书系）

ISBN 978-7-5143-3054-0

Ⅰ．①中… Ⅱ．①张… Ⅲ．①武术－介绍－中国
Ⅳ．①G852

中国版本图书馆CIP数据核字(2014)第244347号

# 中国功夫：中华武术历史与文化

总 策 划：陈　恕

主　　编：肖东发

作　　者：张学亮

责任编辑：王敬一

出版发行：现代出版社

通信地址：北京市定安门外安华里504号

邮政编码：100011

电　　话：010-64267325　64245264（传真）

网　　址：www.1980xd.com

电子邮箱：xiandai@cnpitc.com.cn

印　　刷：山东省东营市新华印刷厂

开　　本：710mm×1000mm　1/16

印　　张：11

版　　次：2015年4月第1版　　2020年1月第3次印刷

书　　号：ISBN 978-7-5143-3054-0

定　　价：40.00元

　　党的十八大报告指出："文化是民族的血脉，是人民的精神家园。全面建成小康社会，实现中华民族伟大复兴，必须推动社会主义文化大发展大繁荣，兴起社会主义文化建设新高潮，提高国家文化软实力，发挥文化引领风尚、教育人民、服务社会、推动发展的作用。"

　　我国经过改革开放的历程，推进了民族振兴、国家富强、人民幸福的中国梦，推进了伟大复兴的历史进程。文化是立国之根，实现中国梦也是我国文化实现伟大复兴的过程，并最终体现为文化的发展繁荣。习近平指出，博大精深的中国优秀传统文化是我们在世界文化激荡中站稳脚跟的根基。中华文化源远流长，积淀着中华民族最深层的精神追求，代表着中华民族独特的精神标识，为中华民族生生不息、发展壮大提供了丰厚滋养。我们要认识中华文化的独特创造、价值理念、鲜明特色，增强文化自信和价值自信。

　　如今，我们正处在改革开放攻坚和经济发展的转型时期，面对世界各国形形色色的文化现象，面对各种眼花缭乱的现代传媒，我们要坚持文化自信，古为今用、洋为中用、推陈出新，有鉴别地加以对待，有扬弃地予以继承，传承和升华中华优秀传统文化，发展中国特色社会主义文化，增强国家文化软实力。

　　浩浩历史长河，熊熊文明薪火，中华文化源远流长，滚滚黄河、滔滔长江，是最直接的源头，这两大文化浪涛经过千百年冲刷洗礼和不断交流、融合以及沉淀，最终形成了求同存异、兼收并蓄的辉煌灿烂的中华文明，也是世界上唯一绵延不绝而从没中断的古老文化，并始终充满了生机与活力。

　　中华文化曾是东方文化摇篮，也是推动世界文明不断前行的动力之一。早在500年前，中华文化的四大发明催生了欧洲文艺复兴运动和地理大发现。中国四大发明先后传到西方，对于促进西方工业社会的形成和发展，曾起到了重要作用。

　　中华文化的力量，已经深深熔铸到我们的生命力、创造力和凝聚力中，是我们民族的基因。中华民族的精神，也已深深植根于绵延数千年的优秀文化传统之中，是我们的精神家园。

　　总之，中华文化博大精深，是中国各族人民五千年来创造、传承下来的物质文明和精神文明的总和，其内容包罗万象，浩若星汉，具有很强的文化纵深，蕴含丰富宝藏。我们要实现中华文化伟大复兴，首先要站在传统文化前沿，薪火相传，一脉相承，弘扬和发展五千年来优秀的、光明的、先进的、科学的、文明的和自豪的文化现象，融合古今中外一切文化精华，构建具有中国特色的现代民族文化，向世界和未来展示中华民族的文化力量、文化价值、文化形态与文化风采。

　　为此，在有关专家指导下，我们收集整理了大量古今资料和最新研究成果，特别编撰了本套大型书系。主要包括独具特色的语言文字、浩如烟海的文化典籍、名扬世界的科技工艺、异彩纷呈的文学艺术、充满智慧的中国哲学、完备而深刻的伦理道德、古风古韵的建筑遗存、深具内涵的自然名胜、悠久传承的历史文明，还有各具特色又相互交融的地域文化和民族文化等，充分显示了中华民族的厚重文化底蕴和强大民族凝聚力，具有极强的系统性、广博性和规模性。

　　本套书系的特点是全景展现，纵横捭阖，内容采取讲故事的方式进行叙述，语言通俗，明白晓畅，图文并茂，形象直观，古风古韵，格调高雅，具有很强的可读性、欣赏性、知识性和延伸性，能够让广大读者全面接触和感受中国文化的丰富内涵，增强中华儿女民族自尊心和文化自豪感，并能很好继承和弘扬中国文化，创造未来中国特色的先进民族文化。

2014年4月18日

## 功夫之源——武术萌芽

## 兴起时期——扎根华夏

## 横空出世——武林雄风

## 强国强身——精武英雄

# 武术萌芽

　　武术起源可以追溯至远古时代，它产生于人类的生产劳动和部落之间的战争。人类要生存，要保护自己，就要与野兽斗争。这样人们就逐渐掌握了徒手和持械进行攻防格斗的技能，这就是后来武术的萌芽。

　　在氏族公社时代，部落之间经常发生战争。在这些战争中，远则使用弓箭、投掷器等武器，近则使用棍棒、长矛、刀斧等武器，有攻有防。徒手搏斗时，应用拳打、脚踢、躲闪、扭摔、跳跃等动作。使用器械战斗时，应用劈、砍、刺、扎等动作，使得武术不断发展。

# 人类祖先狩猎而萌生武术

距今170万年前的云南元谋猿人，还有69万年前的北京猿人和1万多年前的北京山顶洞人，这是我们中华祖先，他们都生活在与兽群居的环境中。他们要求生存，要猎取食物，要保护自己，就要与野兽进行斗争。这时人们稍一疏忽，离开了人群，就会被凶禽猛兽所攻击。

原始人类同野兽搏斗

原始人类制作武器用来打猎

在当时，人们生存的条件十分恶劣，人烟稀少，到处都是凶禽猛兽。盘旋在高空中的恶鹰不时地俯冲下来，掳走老弱者，凶狠的猛兽一次又一次地向茫然无所知的人们发起攻击。

为了保卫自己，也为了从野兽身上得到遮风避雨的毛皮和果腹充饥的食物以生存繁衍下去，我们的祖先们不得不同凶猛的野兽进行殊死搏斗。

在山顶洞人的穴居遗址中，后来发现有大量的兽骨，这就是他们与野兽搏斗并取得胜利的证明。野兽有尖尖的利爪，强悍凶残，而先民们用来与野兽搏斗的不过是简陋粗糙的棍棒和石头打制的武器。

在与凶禽猛兽的斗争中，人们一方面依靠群体力量，一方面依靠增强群体中每个人的战斗力和技能。在生产和战斗中，人们或单纯使用拳脚，或使用简单的工具和武器，并逐渐掌握发展了徒手和持械进行攻防格斗的技能。

于是，这些徒手进行的拳打、脚踢、躲闪、跳跃、摔跌等动作，就逐渐形成了拳术的萌芽。

■ 使用石斧的原始人

《诗经》 我国最
早的诗歌总集，
收入自西周初年
至春秋中叶500多
年的诗歌，共305
篇。先秦时期称
为《诗》，或取
其整数称为《诗
三百》。西汉时
期被尊为儒家经
典著作，始称
《诗经》。

在进入石器时代之后，人类开始使用石器、木棒、骨、角、蚌等工具或武器与野兽搏斗，在不断的实践中，逐渐出现了劈、砍、刺、扎、掷等动作，这也成为后来武术中使用器械各种方法的萌芽。

打猎的成功，不仅靠集体的配合，也要依靠猎手们身体的矫健，不仅棍棒的使用要准确有力，徒手的踢、打、摔、拿在必要时也是不可或缺的，在我国最早的诗歌集《诗经·国风·郑风·大叔于田》中就有人们徒手与老虎搏斗的记载。

先民们靠着自己的聪明才智，不断地想方设法改进自己的武器。从旧石器时代早期粗糙的用石头打制的砍砸器、尖状器，到中期的骨骸、骨矛、骨叉，再到新石器时期的石刀、石矛、石斧、石镞等，记录着他们在改进武器方面不懈的努力。尖石器、剑的发明和使用，就产生了"刺"的动作，有了石矛、石手斧的出现，就产生了"扎""砍""劈"的动作。

特别值得一提的是弓箭的发明，给原始人类提供远射程武器。

根据古籍的记载，人们从落在树枝上的鸟在飞走时被弹回来的树枝击伤受到启发，于是，就用绳子把树枝绷成弓，将木棍削磨尖细做成箭，制成了原始的弓箭。

弓箭在原始社会时期开始用于打猎，大大提高了人们打猎的能力，扩大了狩猎的范围和方式，因此其意义重大。

狩猎是原始社会人类维持生存最重要的方式，而武术的萌芽与生产劳动有着直接的关系。除了生产以外，原始的战争也是武术萌芽、生长的重要条件。在原始社会，各个种群、聚落之间为了争夺水草丰美的草场、适于居住的地区，经常产生争斗，也促进了武术的进一步丰富。

并且，我们祖先创造锋刃工具，具有能动性、使用工具方法的主动性、运用格斗技术的自觉性，以此为标志，武术进入了萌芽状态。

武术也是一种文

**旧石器时代**
（距今约250万—约1万年），以使用打制石器为标志的人类物质文化发展阶段。地质时代属于上新世晚期至更新世，我国旧石器时代的早期文化分布已很普遍。距今100万年前的旧石器文化有西侯度文化、元谋人石器、匼河文化、蓝田人文化以及东谷坨文化。

■ 原始石斧

化形式。它的萌芽与早期人类社会的一些文化活动，特别是舞蹈有密切的联系。

在许许多多个漫漫长夜里，在熊熊的篝火旁，先民们打猎归来，一边烧炙着猎物，一边敲打着石器，模仿着各种野兽的动作，或表演自己在打猎中的巧妙动作，或重复在战斗中自己敏捷的拳脚，手舞足蹈地跳起来，吼起来，舞起来。

这种原始的舞蹈，人们高兴的时候跳，悲伤的时候跳，宗教祭祀的时候更是要跳。用舞蹈纪念祖先，取悦鬼神，禳灾祈福。原始的舞蹈具有浓重的"武"的色彩，融战斗和舞蹈于一体，舞风强悍，气势逼人，常常有震撼人心的作用。

《山海经》中有一个神话故事："刑天与帝争神，帝断其首，葬之常羊之山。乃以乳为目，以脐为口，操干戚以舞。"意思是说一个怪神与天帝争

■先民用火

斗，被砍掉了脑袋，还不罢休，没了脑袋，以两乳为眼睛，以肚脐当嘴巴，一手拿盾牌，一手拿大斧，挥舞不止，以这种战斗的舞蹈来表达自己的满腔愤怒。

　　人们常常把制胜的技术用"舞"的形式再现出来，又利用舞的形式相互模仿交流，相互学习提高，这种有意识的交流与训练，有意识地把攻防技术传授给队友和后人的活动就有着练武的积极意义。

**阅读链接**

　　武术历史悠久，源远流长，内容丰富多彩，在我国具有广泛的群众基础。武术的最根本特征是技击性，武术的产生源于技击的需要。武术是用于格斗的技术，它的一招一式、一刺一击都是按照进攻和防守的战斗要求设计出来的，也是人类祖先生存经验的总结。

　　原始时代，人群生活在茫茫荒野中，与之为伍的是剑齿虎等十分凶猛的野兽，"封豨、修蛇，皆为民害"，在严酷的生存竞争中，武术技击便开始萌芽。

# 太昊伏羲教民以木为兵器

■伏羲塑像

太昊伏羲氏

从石器时代进入木器时代之后，领导先民与鸷鸟猛兽作斗争的领袖是我们的人祖"太昊伏羲氏"。我国简明通史读本《纲鉴易知录》记载：

太昊之母居于华胥之渚。生帝于成纪，风姓，做都于陈，教民佃鱼畜牧、画八卦、造书契……有圣德，像日月之明，故曰太昊。帝崩，葬于陈……

后来法家学派代表作之一《商

君书·画策篇》也记载："猎者，昊英之世，以伐木杀禽兽"。而昊英、朱襄则是伏羲的两个得力助手。伏羲教民打猎，实际就是教人们练习武术的开始。

在那洪荒的年代里，暴虐的野兽，凶猛的飞禽，直接威胁着人类的生存，人们要想生存下去，就必须与它们做殊死的斗争，要打死它们，吃掉它们，以保全自己，否则，就会被它们吃掉。

在那实际的战斗中，人们除了用拳脚制敌外，还用木棒、石块、骨器以更有力的手段制服对方，这就发展了徒手或手持武器攻防格斗的技能。

聪明智慧的伏羲，据说能仰观于天，俯察于地，中观万物，他能教民结网、打猎、牧畜、捕鱼，他能教他的臣子养牺牲以充庖厨，制琴瑟乃乐万民……他理所当然是古代一位出乎其类拔乎其萃的英明领袖，是一位伟大的发明家。

在伏羲定都宛丘的整个过程中，他对武术、对战争有相当的研究。他生于成纪，为了民族的昌盛，为了更好地繁衍生息，便带领着本部落的人群，沿着滔滔东流的黄河，来到中原的东部宛丘，迢迢数千里，无疑是跋山涉水，历尽磨难。

当然，这不仅是穷山恶水、猛禽野兽及狂风暴雨、天气寒冷等大自然的磨难，异族的侵扰和阻挠也是不计其数。他们不知要经过多少次战争才来到这富饶的宛丘。

据我国古代兵书《太白阴经》记载："木兵始于伏羲，至神农之士，削石为兵。"《拾遗记》中载："伏羲去巢穴之居，变茹腥之食，立礼教以导文，造干戈以饰武……调和八方，以画八卦"。

所谓"木兵始于伏羲"即是用木料制成兵器，以对付敌人，是从伏羲开始的。无疑用木料制成兵器消灭敌人当然比赤手空拳效果要强得多，这在当时来说，就是一大发明。所谓"造干戈以饰武"，"干戈"者兵器也，即后世所称的武术器械，"饰"修饰之意，即将零乱的武术动作加以修饰编成套路，这就是武术套路的萌芽。

一天，伏羲坐在一个高大的山丘上，仔细观察黄河与洛河汇流的情景。黄河水是黄的，洛河水是清的，两水相汇，形成一个很大的漩涡；漩涡一半黄，一半清，犹如两条游鱼紧

■伏羲发明八卦

■ 原始工具

紧地抱在一起。在大漩涡中，又各形成两个小漩涡，就像两条鱼的眼睛。

他灵悟顿生，捡起一根树枝，就在地上画了起来。于是，就形成了流传千古的伏羲太极图。伏羲太极图中的两条游鱼，白的名阳鱼，主阳、主动、主父；黑的名阴鱼，主阴、主静、主母。阳鱼的眼睛是黑色的，阴鱼的眼睛是白色的。阳鱼表示天，阴鱼表示地，阳鱼和阴鱼的交界，就是天和地的交界，表示人。天、地、人被称为"三才"，是太极图的核心。

再后来，世界经历过一次大灾难，天塌地陷，洪水横流，多亏了伏羲的妻子女娲炼石补天，又斩断白龟的四条腿支撑住了天，这才挽救了大地苍生。

一天，伏羲在蔡河捕鱼，逮住一只白龟。他想："世上白龟少见哪！当年天塌地陷，白龟老祖救了俺们，后来就再也见不到了。莫非这个白龟是白龟老祖的子孙？我得把它养起来。"

**女娲** 传说为上古氏族首领，后来逐渐成为神话中的人类始祖。根据神话记载，女娲人首蛇身。女娲的主要功绩为抟土造人，以及炼石补天。其他的功绩包括发明笙簧和规矩，以及创设婚姻。后世女娲成为民间信仰中的神祇，被作为人类的始祖和婚姻之神来崇拜。

他挖个坑，灌进水，把白龟放在里边，逮些小鱼虾放进坑里，叫白龟吃。也怪，白龟养在那儿，坑里的水格外清。伏羲每次去喂它，它都凫到伏羲跟前，趴在坑边不动弹。

伏羲没事儿就坐在坑沿儿，看着白龟想世上的难题。看着看着，他见白龟盖上有花纹，就折一根草秆儿，在地上比着白龟盖上的花纹画。画着想着，想着画着，画了九九八十一天，画出了名堂。他用一通道儿当阳，一断道儿当阴，一阳二阴，一阴二阳，来回搭配，画来画去，画成了八卦图。

所以，我国武术是伏羲创造的，伏羲就是武术的创始人。后世所有的拳法无不讲究阴阳、虚实、神气、意力、起落、进退、动静、张弛、伸缩、吞吐、仰附、开合，而这些阴阳虚实的基本理论，都是以伏羲的无极、太极、两仪、四象、八卦作为基础的。

在陈州流行数千年的伏羲八卦拳，是按照伏羲八卦的原理辩证地确定阴阳虚实起落进退的。它的手法、劲法、套捶也都是从八卦原理中派生出来的。

**阅读链接**

伏羲带领先民们生活在宛丘时，这里地势平坦，森林茂密，动物繁多，气候温和，水草丛生，是使本民族发展昌盛的好地方。然而，这里绝非平静的地方，相互争夺，会武拼杀的场景是可想而知的。

据史书记载，在这里建都的除太昊伏羲、炎帝神农外，以后历代统治者还把这里作为封国。这些王、公、侯在这里为了巩固他们的统治，也一定会豢养大批的军队士兵，这些士兵便是练武习战的主要对象。于是，羲皇子孙将中华艺苑里这株艳丽的武术之花，浇灌得芳香四溢、绚丽多彩，将伏羲老祖在这里创造的武术发扬光大。

# 轩辕黄帝用干戈进行训练

在轩辕黄帝时代，部落之间经常发生战争。随着社会生产的逐步发展，在满足人们最基本的生活需要以外，逐渐出现了剩余的劳动产品，这样以掠夺奴隶和财富为目的的部落战争越来越频繁，规模也越来越大。汉代杰出的历史学家司马迁在《史记》中写道：

■ 轩辕黄帝雕像

轩辕之时，神农氏世衰，诸侯相侵伐，暴虐百姓，而神农氏弗能征，于是轩辕乃习用干戈。

轩辕，就是我们中华民族的始祖黄帝，他号称"轩辕"。当时，神农氏力量衰落，不适宜再担当部落联盟首领平息战乱，于是，轩辕取而代之。

干，是指作战时防御的盾牌，初民时以木杆抵挡矢石，木杆就是干。后来在木杆上编缠藤条或树皮，以扩大掩护面。后来，多用皮制，形制较大，上面钉有圆形的青铜部件，成为防护刀、剑、枪、矢等利器的较好护具。

戈，是一种用于进攻的武器，是由镰刀演化而来的，戈刃朝内，多用于钩割，在当时是颇有威力的长兵器。干戈合用，泛指一切兵器，是古代战争的象征，后世常用的"大动干戈"一词中"干戈"指代"战争"的意思即如此。

在这种战争中，人们的格斗对象是同自己一样有智慧的人，因此格斗技术比打猎要复杂得多。这种原始的战争有力地促进了武术的发展。

当时，生活在黄河上游的黄帝轩辕氏部落与生活在中原地区的蚩尤九黎部落之间多年以来发生3次激烈的冲突，其中就有著名的"涿鹿之战"。蚩尤的兵力较多，而且有比较先进的金属武器，传说蚩尤用青铜制作的5种兵器戈、矛等，战斗力很强。

■ 青铜戈

黄帝采用诱敌深入的策略，退到河北涿鹿一带，利用天时地利打败了蚩尤。黄帝除教民习用干戈之外，还运用了武术最原始的文化阴阳、五行。

阴阳，是我国古代以朴素的唯物观点来概括一切事物的统一与对立的学说。自然界万事万物的生长、变化、消亡等客观规律，均可以阴阳归之，人体的生理、病理也可以阴阳归之，武术的技击方法亦可以阴阳归之。

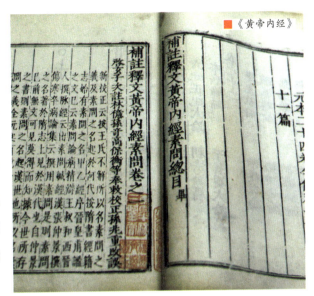

《黄帝内经》

据《黄帝内经》记载："阴阳者，天地之道也，万物之纲纪，变化之父母，生杀之本始，神明之府也"。

黄帝所创阴阳学说认为：天体宇宙，一切事物都可以分成阴阳两类。如：天为阳，地为阴；日为阳，夜为阴；男为阳，女为阴。

而运用于武术中，动则为阳，静则生阴；出手为阳，收手为阴；上步为阳，退步为阴；刚劲为阳，柔劲为阴；手足伸出为阳，关节屈曲为阴；掌心向上为阳，掌心向下为阴。阴阳的对立和统一，各自以对方作为自身存在的依据，而且在矛盾运动中，阴阳又永远处于阴消阳长、阳消阴长的运动过程中。

**阅读链接**

由传说和记载可以得知，黄帝习用干戈的目的，是训练他的部落成员，培养他们的军事技能，以取得战争的胜利。

当时的战斗是非常激烈的，既有弓箭、戈矛、刀斧的劈、砍、刺，又有拳打、脚踢、躲闪等徒手搏斗，掌握一定的攻防技能并自觉运用兵器，有力地促进了武术运动的发生、发展。

# 战神蚩尤初创五种兵器

　　早在远古时期，梅山地域就有我们的先人栖息，梅山武术也就在远古先人与大自然的斗争中开始萌芽。其中最著名的领袖就是蚩尤。据说蚩尤是炎帝的后代，是九黎族的首领，他在传说中是这一时期最著名的"战争之神"，原始武术的许多故事都发生在他身上。他教人

■蚩尤画像

们在狩猎的过程中，"观其禽技，仿其兽姿"，模仿动物动作创造了原始的格斗技能。

在人类诞生之初，工具和武器是没有区别的，除石头、木棍外，还有石刀、石斧等。随着原始人群之间为争夺食物、领地等而引发的争斗的频繁发生，武器逐渐从工具中分离出来，并得到迅速发展。

在《吕氏春秋·荡兵》中记载："争斗之所自来者久矣，不可禁，不可止"，"未有蚩尤之时，民固剥林木以战矣"。实际战争中，先民需要延伸自己攻防能力的兵器。但在蚩尤之前，还只停留在石、木制武器阶段。

蚩尤是一个充满智慧的人祖，他发明了金属冶炼和金属兵器的制造。《世本·作篇》说蚩尤"以金作兵器"。《史记·五帝本纪》正义引《龙鱼河图》说道："黄帝摄政，有蚩尤兄弟八十一人"，"铜头铁额"，说明在他领导的部落中，铜已经被广泛使用。

蚩尤对武术最大的贡献，是他发明了许多兵器。《世本》记载："蚩尤作五兵：即戈、殳、戟、酋矛、夷矛""为车之五兵"，"步卒之五兵"则无夷矛而有弓矢。

戈，与黄帝之戈类似。殳，是一种竹制的兵器，

**《吕氏春秋》**
战国末年秦国丞相吕不韦组织属下门客们集体编撰的杂家著作，又名"吕览"。此书共分为12纪、8览、6论，共12卷，160篇，20余万字。吕不韦自己认为其中包括了天地万物古往今来的事理，所以号称"吕氏春秋"。

■ 蚩尤发明武器铜殳

《逸周书》 原名《周书》，是我国古代历史文献汇编。旧说《逸周书》是孔子删定《尚书》后所剩，是为"周书"的逸篇，故得名，后人多以为此书主要篇章出自战国人之手。正文基本上按所记事之时代早晚编次，历记周文王、周武王、周公、成王、康王、穆王、厉王及景王时事。

非常锋利。

戟，一种专门为战争制造的兼具矛和戈优点的武器，以矛为主体，侧有一横刃。

矛，一种长兵器，长度几乎是人体躯干的3倍，矛头有曲刃，顶端有尖，侧有两刃，中为脊，两旁有槽，以出血进气。而酋矛、夷矛可能是矛头大小、形状有区别。

蚩尤发明的这5种兵器，实用性强，战争中威慑力大，基本可以满足当时的作战需要。

蚩尤作战非常勇猛，和黄帝之间的战争相当激烈。《山海经·大荒北经》记载："蚩尤作兵，伐黄帝"，《逸周书·尝麦》也记载："蚩尤乃逐帝，战于涿鹿之阿，九隅无遗"。这段历史司马迁在《史记》中也有记录："蚩尤作乱，不用帝命，于是黄帝乃征师诸侯，与蚩尤战于涿鹿之野，遂禽杀蚩尤"。

史书对这场战争的记录轻描淡写，寥寥几笔，事实上这场战斗异常艰苦，黄帝为打败蚩尤付出了巨大的代价。据传，蚩尤为了和黄帝打仗，起用角抵。

可见，蚩尤训练的兵士十分善长于徒手搏斗，更善长于利用青铜器械，提高战斗力，所谓头上长角，实际上是戴着牛角之类的护具，进攻时可以击刺对手，防御时可以保护脑袋。"角抵"体现了格斗中以巧取胜的精神，推动了擒、拿、摔、打等格斗技巧的产生和运用。

蚩尤在每次战斗前后所举行的巫事祭祀武舞中，将那些在以往战斗和狩猎中运用得比较成功的一拳一脚、一击一刺逐步融入其中，并带领族人进行着反复的模仿与练习，使其从生产技能中分离出来，成为独立的战斗技能，形成了原始的武术，并以此在屡次的战斗中获得胜利，从而得以组建九黎部落集团。

其后，九黎、三苗、有苗、楚蛮战败，退回老家梅山的蚩尤后裔们凭险而守，开始了漫长的"化外蛮夷"生涯。经过长期战争检验并发展起来的梅山武术，则在这相对独立的封闭环境中，不断地进行着自我完善与进化，从而使梅山武术那种古老神秘的特色

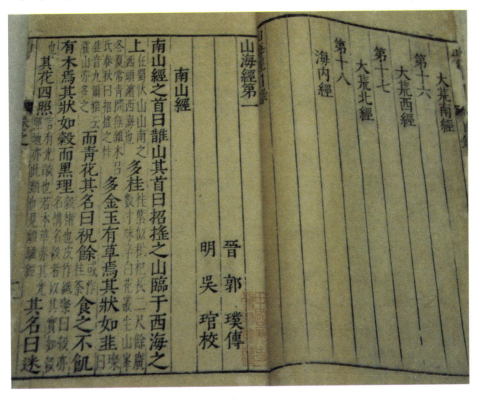

张五郎 又名"陈十五郎"，是湘西南梅山教中唯一以木雕神像供奉的神祇。张五郎是梅山文化中传说的"狩猎之神"，相传得到过太上老君真传。人们怀念张五郎，奉张五郎为猎神，是一位双手撑地，两脚朝天的倒立神。

功夫之源

武术萌芽

■《山海经》中记载涿鹿之战

得以持续保留并逐步定型。

在梅山武术传人们所祭拜的祖神中，从头上长角的蚩尤，到翻天倒地的张五郎，可以看出，梅山武术一直传承着蚩尤的那种不屈不挠的反抗精神，一直在塑造着梅山人强悍、刚毅的民性。

传说中的蚩尤铜头铁额、口吞沙石，而梅山武术功法中的"铁牛水""桶子功"等可使练习者体硬如铁、抗击抗打，能头顶开砖破石；"化骨水"可口吞瓷碗、生嚼灯管等，很好地诠释了蚩尤铜头铁额、口吞沙石的传说。

另外，梅山武术中打虎钯、巡山钯、铁尺等武术器械的外形，都有一双弯如牛角的分支，冥冥中在纪念着蚩尤老祖那头生双角的形象；从蚩尤所建立的九黎部落到后来的三苗部落，再到梅山武术传人们收徒授艺时所收的拜师礼为三块三毛三或三十三块三，或三百三十三、或三千三百三，也喻示了梅山武术对九黎三苗的纪念和承续。

**阅读链接**

其实，寻找战争中克敌制胜的兵器，是先民们一个不懈努力的目标。早在旧石器时期，河套人已经制造出了最早的长矛，这种长矛以骨角做矛头，木棍做矛柄。在距今约7000年的新石器遗址中有各种各样的石刀、玉斧、矛头。

我国最早的甲骨文，武字从戈从止，意即持戈作战或舞练，甲骨文与钟鼎文涉及大量武器，如弓、矢、戈、斧、戟等，反映了当时武器的发明和使用状况。武器的不断创造和使用，极大地提高了原始武术的攻防质量，丰富了格斗搏击内容，为我国武术带来了新的活力。

# 大禹干戚舞和夏后的九伐

　　为适应原始战争的需要，原始人群要作战斗的演习操练以熟悉战斗的击刺动作和应有的群体组合，于是在原始人群中萌生了"武舞"，或者叫"战舞"，用以展示武力，以"舞"来表现武术的形式

大禹平定华夏

得到了很大发展。

《淮南子·缪称训》记载，大禹曾经与南方的三苗族打仗。过了30天，三苗族还是不肯服输。于是，大禹换了一个办法，采用攻心战术。他停止进攻，按照舜的旨意，让士兵拿着干和戚，训练了70天。

然后大禹命令士兵手持盾牌和大斧跳起了威武雄壮的战斗舞蹈，请三苗部族的人观看这种"干戚舞"以显示武力雄厚，三苗部族从此臣服。

《尚书·大禹谟》中也记载了这件事："帝乃诞敷文德，舞干羽两阶，七旬有苗格。"这是原始社会一次盛大的武术自卫演练，古代的"武舞"为后来武术套路的形成奠定了基础。

■ 执盾陶武士俑

虽然原始社会中的打猎、部落间的战争和舞蹈对武术的产生起着直接的促进作用，但是武术毕竟不等于打猎，不同于打仗，也不是舞蹈。武术的形成和成熟还需要更加充分的条件，还需要更多的时间。

任何一种文化形式的成熟都需要比较长的时间，我国武术把身体与精神、健身娱乐与格斗技术融为一个和谐的整体，就需要更长的时间，更为特殊的条件。

幸运的是，历史慷慨地

给了中华民族发展武术所需要的时间和条件，而武器在战斗中已被广泛地运用并对提高战斗力起到了重要作用。

《山海经·海外西经》记载："大东之野，夏后氏于此舞九伐。"夏后氏名启，相传是大禹的儿子，后来建立了大夏王朝。大东之野，是指大东的一片广场。夏后氏在这里指挥大家，练"九伐"这类舞蹈。

据《礼记》解释："一击一刺为一伐"，所谓"九伐"就是手持器械，互相击刺的9个回合。

至公元前11世纪的西周时期，西周人沿用夏代传下来的"击刺之法"，培养和锻炼武士的攻防能力。武王伐纣推翻了商朝。伐商前夕，用武舞鼓舞士气，名曰："武宿夜"，给"击刺之法"配上了音乐，称为"舞象"，随后，又以灭商时的战争场面为题材，编了一种"大武舞"，歌颂他的武功。

《史记·乐书》记载，大武舞的参加者有数百人，全部戎装，手执兵器在音乐伴奏声中做着各种队形变换，一共有6段音乐，队形变换6次。

"九伐""舞象""大武舞"，都是早期用来表现战争内容的舞蹈。这些舞蹈有助于培养人的军事技能，一击一刺都带有攻防含意，形式也与武术的对练

■《史记》中记载的大武舞

《史记》 西汉时期司马迁撰写的我国第一部纪传体通史，是"二十四史"的第一部，记载了从传说中的黄帝至汉武帝后期长达3000年左右的历史。《史记》是我国传记文学的典范。它是历史、文学的统一体，是文学的历史，又是历史的文学。

原始兵器

有相近之处。

人们把在战斗中运用比较成功的一击一刺、一拳一腿，反复模仿着、传授着、习练着，夏启指挥大家进行攻防格斗的训练，使人们在狩猎活动和战争中积累的搏斗技能相互交流和传授，这实际上是早期的练武活动，实质是培养人们的军事技能，一击一刺都带有攻防意识，形式也与后世武术的对练有相近之处，"击刺之法"的回合，就是后世武术套路形式的最初模式。

**阅读链接**

我国纳西族被称为"东巴跳"的舞蹈中，还保持了一些原始舞蹈的形态。舞蹈时战士们踏着战鼓的节拍，持刀模拟着作战的动作，左右砍杀。

舞刀时既有劈、砍、扎、刺这样一些进攻动作，又有缠头、裹脑等防御性的动作，还有多种多样的步法，如跪、蹲、虚、跳跃等，这些都体现了武术套路来源于原始的舞蹈。

# 扎根华夏

在春秋战国时期，人们发明了铁器，步骑兵兴起，又进一步改进了武器，使长武器变短，短武器变长，使武器由长、重、单一而向短、轻、多样化发展。同时进一步突出了武术的技击性，武术的健身作用日益受到重视，比试武艺的形式更广泛出现，推动了武术发展。

秦代盛行角抵和手搏。角抵是徒手对抗性项目，系战国时期所创。角就是角技，抵就是相抵触。

汉代武术水平有了较大提高，是武术真正兴起时期。汉代初期鼓励民众习武，民间习武之风空前，武艺、角抵、手搏、角力等武术兴起，形成了多种技术流派。

# 春秋时期兴起拳勇角力

　　春秋时期，管仲在齐国任相，帮助齐桓公建立霸业，为了使位于东部的齐国称雄天下，管子把军事组织和行政组织统一起来，加强军事训练，鼓励百姓习武练拳，使拳术活动在齐国得到很大发展，以致

古代搏击

后人有"拳兴于齐国"的说法。

人类徒手搏击萌芽于原始社会，缘于生存竞争的拳打脚踢多是无意识的本能反应，真正的具有一定技巧的搏斗之术，开端于夏商时代。

■搏击雕塑

但是，产生于商代的甲骨文中，还没有"拳"字，但有"鬥"字，意为两人徒手相搏，互击对方头部。许慎《说文解字》解释为："两士相对，兵仗在事，象门之形。"古人作战时有意不用兵器而徒手搏斗，实际上是展示力量和勇气的武艺竞赛。

这一时期，"田猎"活动成为军事训练项目，内容之一是与猛兽搏斗，郑康成《诗笺》记载："田猎，搏兽也"，朱熹认为"手执曰搏"。《诗经·大叔于田》描绘了郑庄公之弟共叔段："襢裼暴虎，献于公所"，襢裼，即裸身；暴，空手搏斗，意思是裸身徒手击毙了猛兽。

人与兽斗当然要求有非凡的勇气和高超的武艺，在古代也只是个别极端的例子，拳搏技术更多地体现在人与人之间的徒手搏斗中。

商周时，习练拳搏是军事训练的重要内容，《礼记》记载："孟冬之月，天事乃命将帅讲武，习射御角力"；"凡执技论力，适四方，裸股肱，决射

角力塑像

御"。赤身裸体进行徒手搏斗，是对拳技的炫耀。

古代典籍中最早的"拳"字，见于《诗经·巧言》，诗中以"无拳无勇"，讽刺一个人的无能，古注"拳"为"力"，在人们心目中男子汉应该有拳有勇，勇即指勇气，拳即指力量。周代出现了"拳勇"一词，用以代表武艺、勇力。

进入春秋时期，《管子》中记载了当时的风气尚武，国君下令举荐"有拳勇股肱之力，筋骨秀出于众者"，命令"有则以告，有而不以告，谓之蔽才，其罪五"。

当时除了齐国外，其他一些诸侯国家拳术水平也较高，《春秋公羊传》记载，宋闵公的臣子长万精于武艺，宋闵公讲话羞辱了他，长万竟举拳打死了宋闵公，闵公的部下仇牧赶来复仇，一番对打，长万又击杀了仇牧，可见春秋时期拳击水平已相当高了。

因此自春秋战国以来，"拳棒"之称几乎成了武术的代名词。一些有识之士也发现了拳术技击之外的另一种功能健身。著名军事家孙子就曾经指出："搏刺强士体"，意即除了击刺、搏斗较量武艺外，拳术还有增强体质的作用。

技击和健身的双重作用使拳术迅速发展，最终形成了中国武术一大景观，细腻、复杂、流派众多、千变万化的拳种、拳法，魅力无穷。

徒手搏斗，双方武艺必然有高下之分，战场上这种区分显而易见，平常就要靠相互的"角力"。

角力，原始社会末期就流行在河北、山西一带，当时叫"蚩尤戏"。春秋战国时，开展更加普遍，称为"相搏"，《释名》解释说："相搏，搏谓广搏以击之也。然举手击要，终在扑也"，实际上是集摔跤、擒拿、拳搏为一体的徒手格斗。

举行角力竞赛时，竞技者一对对地分开，双方可用腿足钩绊进攻，也可抓握对手身体的各部分，或以头撞击对手的头部，但严禁使用拳击动作。

当时规则规定，竞技者只有使对方的双臂和背脊的其中一部分着地3次，才算获胜。

当时，输了的人即被淘汰，然后每对的优胜者再相互角逐，直至决出优胜者。如果参加角力的竞技者的人数是单数，那以最后一个没

■《管子》

有对手的可以直接参加决赛，但这是一个被人们轻视的幸运者。

据《史记》记载，春秋战国时期，拳力相搏开展得相当普遍，喜爱的人众多，甚至有人连做梦都在与人"搏"。《国语》中说，公元前632年，"晋侯梦与公子搏，楚子伏已，而印其脑"。

又据《春秋榖梁传》记载，公元前660年，鲁公事季友俘获了莒拿，并不处置，却提出与莒拿相搏，并且命令部下退开，不要帮助自己。在相搏过程中，季友处于劣势，在众人催促下，竟违背了徒手相搏的约定，抽出宝剑杀了莒拿，受到舆论的谴责。

为了使武艺得到交流，每年春秋两季，天下武艺高强的人都要云集一起进行较量，《管子·七法》记述了当时的情景：

春秋角试……收天下之豪杰，有天下之俊雄。故举之如飞鸟，动之如雷电，发之如风雨，莫挡其前，莫害其后，独出独人，莫敢禁围。

这段描述的意思是：春秋两季，天下的豪杰英雄都要相聚较量，那些武功高手，在比赛中像飞鸟一样敏捷跳跃，行动迅捷如雷电，爆发时势如急风骤雨，在他面前无法抵挡，在他后面也无法下手，出入随意，没有人能阻止包围他。

中国功夫

中华武术历史与文化

**阅读链接**

春秋战国时期，相搏已经成了武艺比赛的一种形式，为了比赛，往往将若干动作贯连一起练习，即是"套路"，这种套路与武舞不同，是真正武术意义上的套路，对武术运动的发展影响重大。

# 老子以道解说武学真谛

　　道家学派的创始人老子，即老聃，姓李名耳，生于春秋时楚国的苦县，著有《道德经》。道家思想在我国传统文化中影响深远，对中华武术来说，道家思想是其最主要的思想源泉。道家思想对武术文化的影响主要表现在两方面：在认识论方面，武术吸取了道论、气论、

老子蜡像

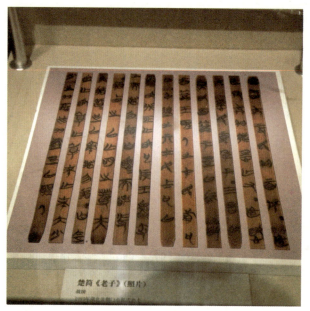

■ 楚简《老子》

中华武术历史与文化

天人合一的观点，并以此阐释武术的本质；在方法论方面，武术吸取了道家"物极必反""以静制动""以柔克刚""后发制人"等思想，并以此作为武术技击的指导原则。

老子认为"道"是万物之源，我国武术吸取这一思想，认为武术最根本的特征也是"道"。"道者，万物之奥"，一切的来源莫不是"道"，而"道"又是"无"，"天下万物生于有，有生于无"。

这种思想对中华武术的影响是多方面的，如太极拳的基本拳理就是据此生发的。王宗岳《太极拳经》认为"虽变化万端，而理推一贯"，这里的"理"就是老子的"道"，无极生太极，进而才有阴阳变化，这个"无极"也是"理"，也是"道"。

拳技中阴阳、进退、动静、刚柔、虚实种种变化，相辅相成，互为因果，同出一宗。武术的精微之处如同老庄的"道"，无一处是，又无处不在，只可意会不可言传。

"气"是道家用手表达宇宙万物事件的另一个概念。老子说："万物负阴而抱阳，冲气以为和"，庄子说："气变而有形，形变而有生"。我国武术对道

**无极** 原指"无边际，无穷尽"。出自《庄子·逍遥游》，代表着我国古人对宇宙大爆炸之前状态的抽象理解。也指一种哲学思想，指称道的终极性的概念。"无极"作为万物之本源。"无极之真，二五之精，妙合而凝"。

家"气"的论述彻底吸收运用来解释众多武术奥妙。

"元气"是武术的根，"元气"是什么？就是太极，就是道。历来各家各派、内功外功，都十分重视"养气"。强调"养气"是武功最重要、最基本的。

道家推崇师法自然，"天人合一"，所谓"天"，即指自然，人作为自然的元素，在本质上与自然是相通一致的，所以一切人事应顺乎自然。

老子说："人法地，地法天，天法道，道法自然。"武术思想中贯穿了"天人合一"的思想。武术家看来，人体是一个整体，武术练习不是局部的锻炼，而是对整体力量和协调的训练。

阴阳本是不同的属性，但中国武术中的一些拳种却可以融两者于一体，一半阴、一半阳，平衡和谐，"纯阴无阳是软手，纯阳无阴是硬手，一阴九阳根头棍，二阳八阴是散手，三阳七阴犹觉硬，四阴六阳类好手，唯有五阴并五阳，阴阳无偏称好手。妙手一运一太极，迹象化空归乌有。"所以，太极拳的练者入门讲究"摧刚"，"运动之功夫，先化硬为以柔，然后练柔及刚"。

中国武术的内家功夫十分强调"调息"，练内功，体现了平衡、和谐的我国哲学思想。

■ 道教阴阳八卦图

■ 道家讲求梳理元气

武术练习中如果这种平衡与和谐被打破了，"走火入魔"也就在所难免。

道家"天人合一"思想更重要的内涵还在于人与自然的和谐与一致，中华武术将这个道理发扬到了极致，"因为一人小天地，无不与天地之理相合"。所以，后世中国武术360多种拳术，全部讲究师法自然，顺乎自然。

武术家练功时精心选择天时、气候、地形、方向，从人与自然的相互沟通中摄取能量，从而实现天人互感，提升功力。这种做法，与道教的"采气"功法如出一辙。

对自然的膜拜，还表现在技击方法中对飞禽走兽的模仿上，象其形、取其意，用最接近自然的方法来增强技击的力量。

据说，有一个练武者拜师以后，三年师父未传他一招，每天所做就是把浮在水缸里的葫芦按下去，如此这般，日久之后，手上的功力收发自如。

如《神跤宝三学艺记》记载：宝三请求跟随宛八爷练功，宛八爷二话未说把宝三领到院里，指着一个大土堆说："从明天起，你早起五更练搬土，把土山搬到西墙根去。"

宛八爷拿起一个大号铁簸箕，撮了满满一簸箕土，底桩腰挺，上腿蹬直，双手平举，慢慢蹲身，蹲到底再拔起来，不摇不摆，做了个示范。土山搬到东墙根，再搬回西墙根，每天1010簸箕土。

3个月后，宛八爷又来找宝三。见面之后，冷不防便对宝三使了个拔脚，宝三脚跟微微动了一下，但没有离开原地。接着宛八爷又上手一压宝三肩膀，下面又是个重脚拔脚，宝三动了几下，但没有摔倒。宛三爷欣喜地夸道："好小子，脚下有根了！"

这种练功方法，在中国武林中相当普通。究其原因，也与崇尚自然、追求和谐有关。在这种指导思想下，武学大师的功力匪夷所思，到了随心所欲的境地。

据说武功高强者放鸟雀于掌中，鸟雀欲飞时的下沉劲被松掉，因而小鸟始终无法从他手中飞起。这种境界，确实是"物我如一"。

采气 道家学说有一种理论：采气就是从天地宇宙空间、日月星辰及万物之中，将各种不同能量流、信息采集体内，激发自身内在的潜能，补自身不足，培养充实自身元气，宇宙的正气不同于五谷之气，是人体生命活动的最大能源。

■ 道家武学

道家武学

以静制动、以柔克刚、后发制人、随机应变，是中国武术理论中最重要的方法论。老子"反者道之动，弱者道之用"的观点，充满了辩证法的思想光辉。老子说："天下莫柔弱于水，而攻坚强者，莫之能胜。弱之胜强，柔之胜刚，天下莫不知，莫能行。"

老子所说的"柔"并非软弱无力，而是坚韧不露、含蓄、深沉，实际上他根本不承认有绝对的弱者、强者，一切都可以在一定条件下相互包容、相互转化。

道家思想重在"养性"，其核心在于"无为而为"，师法自然。它是从认识论和方法论等不同层面上，给了中华武术颇多启示，影响深远。

阅读链接

老子的"止戈"思想，开启了春秋时期的"百家争鸣"。老子的武学思想完全为诸如孙子、鬼谷子等人，及他们的弟子所继承和发扬，由是，上演出了春秋五霸，战国七雄，合纵连横，秦扫六合并完成中国统一大业的威武雄壮的历史大戏，从而也使"中国武术""中国兵法"彪炳青史，万古不朽。

# 孔子以儒家之道论述武术

儒家创始人孔子出生在鲁国一个武术世家。其父叔梁纥为鲁国有名的武士，《左传》记载鲁国举兵围逼阳，逼阳人升起悬门，欲待鲁国武士入门后突然放下，困他们于城中。叔梁纥双臂举起了上千斤重的悬门，救出了被困武士，十分勇武。

《史记》记载："孔子长九尺又六寸，人皆谓之长人而异之"，身材高大的他也可称为武林中人，对此《墨子》《列子》《吕氏春秋》《淮南子》等史书均有记载。《列子》记载："孔

孔子雕塑

子劲能招国门之关，而不肯以力闻"；《淮南子》记载："孔子智过苌弘，勇服于孟贲，足蹑郊兔，力招城关"；《礼记射义》记载："孔子射于瞿相之圃，盖观者如堵墙"。

这些史料表明，孔子是一位勇力非凡武艺出众的武士。武术根于"礼仪之邦"的中华大地，深深地烙上伦理道德色彩，因此在传统文化中占主导地位的儒家思想对武术的影响就显得尤为重要，练武与修德、武术行为的规范准则等，无不渗透着儒学精要。

孔子生活在战乱频繁的春秋战国时期，深知文武兼备的重要性。他指出："有文事者，必有武备；有武事者，必有文备。"以此为出发点，他提出了"礼、乐、射、御、书、数"所谓"六艺"的主张，其"乐"即武舞，"射""御"也是当时风行的技击方法。

孔子心目中的"君子"需具备的条件"知""仁""勇""艺"中就有"武"的因素，他的弟子中冉求、子路都是骁勇善战的勇士。

孔子首先还是一位思想家，他的"仁爱"观念作为人际关系的规范和准则，对必然内含暴力与残酷的武术，起到重要的调适作用。

儒家思想的核心是"仁"。"仁"的内涵即"爱人"，"夫仁者，己欲立而立人，己欲达而达人"；"己所不欲，勿施于人"。儒家思想的"仁爱"观，在崇尚"立德"的我国文化大系统中始终如穿珠的红线，也自然演化成了判断武术行为的道德和价值取向的武术伦理。

武术的"仁义"思想，首先表现为对社会秩序、传统礼教的恪守。孔子倡导的"仁学"，其实质是对人与人之间相互关系的调适，其基本思想是以仁慈、忠厚、善良和爱心来待人接物，处理一切人际关系。

在武术技击技巧和方法的运用上，"仁学"精神有充分体现。练武的目的是保家卫国、除暴安良，而非恃强好狠、为非作歹。对敌人，战必胜之，讲打击之稳、准、狠，即便如此，武术家也以制服对方为主，尽可能避免杀人取命，讲究先礼后兵。对那些具有特强杀伤力的功夫，用之审慎。

后世《少林七十二艺练法》记载："技击之道，尚德不尚力，重守不重攻"。武术界流传"八打八不打"之说。

"八打"指眉头双眼、唇上人中、背后骨缝、鹤膝虎头、破骨千斤、穿胆身门、肉肋肺腑、撩阴离骨等部位，可承受一定重力，因而可选择为攻击目标。"八不打"指人体中易致人死命的部分，一般禁止攻击，它们是：太阳穴、对心锁上、中心两闭、两肋太极、两肾对心、两耳扇风、海底撩阴、尾间丰府等。

中华武术的仁义精神还体现在武术技击的目的论上。少林武术有点穴大法，少林秘典《罗汉行功短打》讲，创造点穴法是"圣人不得已而用之"，是为了使人"心神昏迷，手脚不能动，一救而苏，不致伤人……有志者细心学之，方不负主人一片婆心也"。《峨眉十二法》中也反复强调"不争""持戒""化解"等，不到最后关头不能擅用武力。

中华武术各门各派都有不同的"戒约"，体现其不同宗旨，其中对行为准则收受徒弟规定颇多，也最严，很重视对德行的培养。

《少林七十二艺练法》 据《少林拳谱》记载，少林寺原有三十六硬功、三十六柔功，又称"三十六外功""三十六内功"，都只在少林门中秘传，但是无详细文字记载。后世所说的"少林七十二艺"通常被人认为是少林功夫的总称。

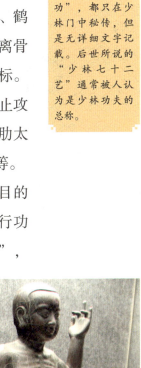

古代点穴铜人

■ 少林武术雕塑

如少林门中规定：

盖闻自少林起教以来……武事熟而习之，用之于国，则治乱持危，用之于乡，则除贼捕盗……尚有无知门徒矜强持勇，欺良凌弱，此断非吾道中所可许也。但凡我们，务期循规蹈矩，爱众亲人，庶几此道之一进境焉……以上教条，学生要常记心，免犯责罚。另外有十不许之规条……以上十不许，日后有犯之者，定遭杀身之报，慎之，慎之。

**点穴** 根据经络脏腑的生理病理变化在人体相关穴位上可产生一定的反映的原理，在技击中用拳、指、肘、膝等骨梢之强固点来击打人体上的某些薄弱部位和敏感部位即主要穴道，使其产生麻木、酸软或疼痛难忍，失去反抗能力或造成人体伤亡，从而制服对方的一种武术技击术。

武林中收受门徒是一件传承武艺的大事情，很慎重，对德行的考察很严格。少林派规定："传授门徒，宜慎重选择。如确系朴厚忠义之士，始可以以技相传"；后世内家拳法明确规定：剑者、好斗者、轻露者、酗酒者、骨柔质纯者不传。

再如武当派收徒有五戒之说：骨柔质纯者不传：技击格杀之良方，收徒之先不可不先视其体魄如何。体可换而骨不可换，胆可练而质不可练；心险者不传：防人之心不可无，收其为徒，如果不事先探查

■武当武术

其心理，一旦功夫养成无异于养虎伤身；好斗者不传：拳术者，个人
习可以强身，众人习可以保国，若逞匹夫之勇，则用之不当；酗酒者
不传：酒能乱性，性乱则神迷，神昏则色浮，结果是非不分、凶狂无
礼、祸生顷刻；轻露者不传：深沉者其毅力魄力必大，轻露者其志气
胆识必小，若仅得皮毛，目空一切，逢人炫耀，非可造之材。

　　所有这些，都反映了孔子所倡导的儒家思想在武术发展中所起的
重要作用。

**阅读链接**

　　传统儒学，基本是我国社会占主导地位的意识形态，一些
武术门派统统将自己的宗旨靠拢于儒家思想。

　　武术是战斗的力量、杀伐的手段，必须纳入一定的伦理规
则中，这是中国武术伦理色彩浓厚的根本原因。儒家思想对武
术行为的规范和约束，具有重要的意义。

# 春秋秦汉剑术蓬勃兴起

　　庄子名周，是继承老子道家思想的集大成者，他对武术也有很大贡献，比如他将道家理论发展到剑术上，说："夫为剑者，示之以虚，开之以利，后之以发，先之以至。"要想取胜对手，必须虚实变换，诱使对方陷入圈套，犯错误。

庄子画像

　　剑，被称作"短兵之王""百刃之君"，它便于携带，利于近战，是防卫的最好兵器，同时，剑制作精美、舞练潇洒，是人们尚武的标志和身份地位的象征，因此人们盛行好剑之风。

　　剑的起源古籍有记载，认为源于原始部落时代，黄帝之时，开采首山之铜，铸造了剑。民间也流传一些传奇故事，演绎剑的起源，凄

美感人的当数干将、莫邪舍身铸剑的故事。

春秋战国时吴王阖闾，得到越王允常赠送的3把宝剑："湛卢""盘郢""鱼肠"，非常珍爱。鉴玩之后仍不满足，访得名师干将，命铸剑。

在妻子莫邪帮助下，干将采得五山精铁，六合金英，使童男童女300人，积炭为山，鼓风冶炼，历时3日，铁水就是不到火候。情急之下，莫邪纵身跃入，终于炼成两柄宝剑，先成者为"阳"，后成者为"阴"，为纪念莫邪，阳剑取名"干将"，做方块形龟纹，阴剑取名"莫邪"，做水纹形散纹。

剑成后，干将将阳剑藏了起来，只将"莫邪"献给吴王。吴王得剑后以石相试，应手而开，据说虎丘的试剑石就是当年试剑的地方。后来，吴王得知干将藏剑，派人去取，并嘱如不得剑，当即杀之。

使者找到干将后，索取宝剑，忽然剑从匣中跃出，化为青龙，干将骑在其背上，升天而去。吴王自此更加珍惜"莫邪"剑。

吴王死后，"莫邪"剑也便下落不明。直至600多年后的晋代，宰相张华偶见"斗牛"星间一股紫气，便召天象家雷焕询问。雷焕说是

■ 青铜剑

**欧冶子** 春秋末期到战国初期越国人。我国古代铸剑鼻祖，龙泉宝剑创始人。少年时代学会了冶金技术，开始冶铸青铜剑和铁锄、铁斧等生产工具。他肯动脑筋，具有非凡的智慧，他身体强健，能吃苦耐劳。后来发现了铜和铁性能的不同之处，冶铸出了第一把铁剑"龙渊"，开创了我国冷兵器之先河。

宝剑的剑光，在豫章丰城一带反射。

张华当即封雷焕任丰城县令，寻访宝剑下落。雷焕到任后，发掘出一石函，打开果见一剑，以南昌西山的土擦拭，光彩四射。从剑文上知是"干将"。

传说张华乘船过江，忽视所佩"干将"跃入水中，急使人下水寻找，见两龙张须相向，使人惊恐而退。从此"干将""莫邪"两剑便永不再现。

我国已发现的剑，最早是商代的铜剑，即河南陕县虢国贵族墓葬中的4柄青铜剑，四川奉节发现两把战国时的"巴式剑"，铸造工艺已经比较先进，剑身铸有图案纹绵。

尤其是在湖北江陵县发现的历史名剑越王勾践剑。此剑是铜制，剑刃经历千年仍然锋利无比，剑茎上满缠丝绳，有两道箍，首作圆形，剑身近格处有两行蜡金鸟篆体铭文："钺王鸠浅自乍用剑"，即"越王勾践自作剑"。

越王勾践剑确是剑中珍品，据传是匠人欧冶子制造。勾践被吴王打败以后，卧薪尝胆，励精图治，最终灭掉吴国。关于越王勾践剑，古籍中也有记载，《越绝书》写道："勾践乃身被赐夷之甲，带步光之剑"；"昔者，越王勾践有宝剑王闻于天下。"这柄剑在湖北江陵的楚墓中，大约是楚国占领越地后作为战利品带回的缘故。

铜剑以后又被铁剑取代，江淹《铜剑赞》序说："春秋迄于战国，战国至于秦时，攻争纷乱，兵革互兴，铜即不克给，故以铁足之。铸铜即难，求铁甚易，是故铜兵转少，铁兵转多。"

最早的铁剑是在长沙一座古墓中发现的春秋晚期的铁剑，工艺水平又有较大提高，淬火锋利，式样别致。铁剑代替铜剑是历史的一大进步。剑身由最短的如北京琉璃河发现的17.5厘米到最长如衡阳发现的那柄1.4米，威力大增。

据《左传》《国语》等史书记载，当时的名剑有"湛卢""大夏""龙雀""纯钧""莫邪""干将""鱼肠""胜邪""巨溯""龙渊""豪曹"等，割玉物如割泥。拳谚说"一寸长，一寸强"，剑身由短变长，两

■越王勾践剑

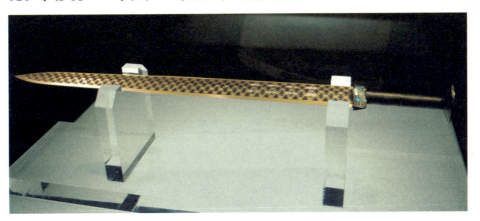

**子路** 名仲由，字季路，孔子的得意门生。以政事见称。性格爽直率真，有勇力才艺，敢于批评孔子。孔子了解其为人，对其评价很高，认为可备大臣之数。做事果断，信守诺言，勇于进取，曾任卫蒲邑大夫、季氏家宰，是孔子"堕三都"之举的最主要合作者之一。

侧剑刃能更好地发挥劈、撩、扫、斩等技法，促成了剑术和剑法的多样化。

剑术发展较早，流传甚广。孔子的学生子路就非常喜欢剑术，据《家书》记载："子路戎服见孔子，拔剑而舞之，曰：古之君子以剑自卫乎？"

剑术多以斗剑的形式出现，当时贵族以观赏斗剑寻欢作乐，他们豢养剑客。

《庄子·说剑》描写斗剑场面："蓬头突鬓垂冠曼胡之缨，短后之衣，瞋目而语难。相击于前，上斩颈领，下决肺肝"，庄子对此大加抨击，认为"无异于斗鸡""无所用于国事"。但是，在民间剑术却得到了健康发展，出现了众多剑术高超的武术家，如越女、鲁石公等。

战国时期的司徒玄空，耕食于峨眉山中。他模拟猿猴动作，在狩猎术基础上创编了一套攻守灵活的"峨眉通臂拳"，据说学徒甚众。

因为司徒玄空常着白衣，徒众们称之为"白猿祖师"。他还创有"猿公"剑法，并传剑越女，称之为"越女剑法"。而后世峨眉武术正是发源于此。越

■铁剑

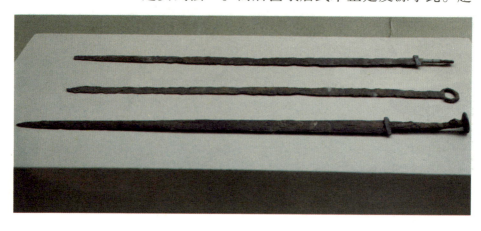

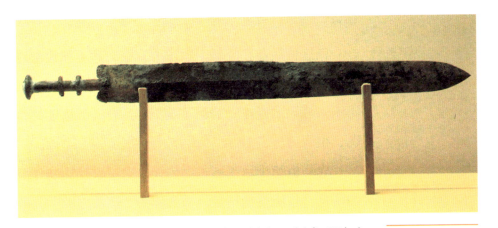

■ 青铜剑

女，是春秋战国民间武术家，精于剑术，剑术理论也非常精辟，对后人影响颇大。

鲁石公的剑道也出类拔萃，汉代刘向《说苑》对此有记载：

> 鲁石公剑，迫则能应，感则能动，昒穆无穷，变无形象，复柔委从，如影如响，如龙之守户，如轮之逐马，响之应声，影之象形也。闻不及，呼不及吸，足举不及集，相离若蝉翼，尚在肱北，眉睫之微，曾不可以大息小，以小况大，用兵之道，其犹然乎。

从这段描述中，我们就可以看出鲁石公出神入化的高超剑术。

武林有"剑走青，刀走黑"的谚语，"青"，是"轻"的通假，指轻捷便利，交手之时，能干净利落，快速敏捷地防守和进攻，谓之"走青"。剑的特点就在于身薄而轻，且为直身，因而基本剑法劈、刺、扎、撩、点、崩、截、抹等都是这种特点的必然

刘向（约前77—前6），西汉经学家、目录学家、文学家。本名更生，字子政，今江苏沛县人。汉初楚元王刘交四世孙。治《春秋榖梁传》。曾任谏大夫、宗正等。成帝时，任光禄大夫，终中垒校尉。曾校阅皇家藏书，撰成《别录》，为我国最早的目录学著作。著有《新序》《说苑》《列女传》等。

■ 双鸟环首青铜短剑

选择。

剑这种兵器在战场上攻击力有限，远不如攻势厚沉的大刀，《武备志》中有"古之言兵者必言剑，今不用于阵"的说法，表明了剑不再适合实战需要的情况，很有道理。

战阵拒绝排斥了剑，而剑并未绝迹，反而制作更加精良，技法更加精妙，被人称为"诸器之帅"，原因是剑具有了比其他内涵更加丰富的功能。

剑在人类文明的初期就神圣化了，人们在剑前冠以"宝"字，称之"宝剑"，将剑视作"神兵""神器"，王公贵族均备名剑，佩剑之风盛行。

《古今刀剑录》记载：夏禹之子启"铸铜剑"，"上刻二十八宿文"，秦始皇有"定秦"剑，汉高祖刘邦有"赤霄剑"，汉文帝有"神龟"剑……统治者得名剑甚至成了君权神授的象征。

刘长卿诗《宝剑篇》"自然神鬼伏，天子莫空弹"，谭用之诗《古剑》"铸时天匠待英豪"隐隐表明了这种意思。

三国时袁绍梦见神仙授给他一柄宝剑，醒来后果然发现宝剑就放在卧室里，取来一看，剑上铸有铭文"思召"二字。

袁绍找人解释，解释者说，思通丝，丝与召就是绍字，袁绍听罢喜不自禁。这个故事里，剑明明白白是受命的象征了。

更神奇的是剑还常常传达出一种预言。东

汉光武帝刘秀，尚未发迹前，在南阳鄂山得一把宝剑，上面的铭文为"秀靶"。后来刘秀果然得了天下，自己铸了4柄宝剑上面都刻有"中兴"，但自己刻的没有用，后来便"一剑无故自失"，东汉也在灵帝手中名存实亡了。

剑毕竟还是兵器，秦汉时期，不仅佩剑之风盛行，而且精于剑术的人颇多，特别是一些文人学士，如司马迁"在赵国者，以传剑论显"，武将就更不用说了。剑道在这个时期出现比较复杂的招式，出现了竞技性质的比赛，竞争激烈。

如《典论》记载了曹丕与邓展的一场比赛：一天，曹丕与邓展一起饮酒，席间谈话说起了剑术，曹丕指出了邓展的一些错误说法，并向邓展表示，若不信服，可以较量一番。

邓展当时稍有醉意，经曹一激不甘示弱，当即表示愿与之较量。

考虑到真剑会失手伤人，两人就用甘蔗作为剑，没几个回合，曹丕3次击中邓展的臂膀，引起旁边观者的哄笑。

邓展不服气，要求再比，在第二轮比赛中，曹丕以败招引诱邓展，邓果又中计，被曹丕击中门面。

据说曹丕曾师从洛阳名师王越，经过勤学苦练，剑术炉火纯青，所以才战胜了剑术老道的名将邓展。

**阅读链接**

在我国古代，剑是武、武备、武功、武术、尚武精神的象征。可以说了解了剑，也就基本了解了我国武术的真谛。

如《五代史》还记载了一个传说：成都有一个叫朱善存的人，世世代代传下一柄宝剑，天下太平时，剑便长出"神芝"，天下兵乱时，剑则吐"黑烟"，日期与暴乱发生的时间一天不差。剑已经是一种权威、威仪、力量的象征了。

# 秦汉崇尚角抵与手搏运动

先秦时期称之为角力的徒手搏斗，至秦汉时期发展成一种新的并带有娱乐性质的武术活动，称为"角抵"。《太白阴经》卷六《教旗图篇》记载："春秋之后，灭弱吞小，并为战国，稍增讲武之礼，以为戏乐，用相夸饰，而秦更名为角抵。"《史记·李斯列传》记载："是时二世在甘泉，方做觳抵、俳优之观。"可见角抵与角力的渊源

角抵戏

关系。裴骃集解引劭语释道："角者，角材者；抵者，相抵触也"；"名此乐为角抵者，两两相当，角力，角技艺"，说明角抵是一种徒手竞争，主要以摔法和体力进行竞争。

秦代的角抵，只限于摔法，以较力为主，更多地用于表演和娱乐，广泛流传于民间和宫廷。汉代初期，刘邦为了与民休息，曾一度罢废角抵，但却没有禁止住，至武帝刘彻时期，反而极力倡导，更加兴盛。

《汉书·武帝纪》记载："元封三年春，作角抵戏，三百里内皆观"，又记载："元封六年夏，京师民观角抵于上林平乐馆"，可见当时之空前盛况。

汉武帝时，由于国力强盛，百姓殷实，统治者乐于炫耀国力，角抵成为向外宾夸示的工具。《汉书·张骞》记载："大角氐出奇戏诸怪物，多聚观者，行赏赐"；"而角氐戏岁增变，其益兴自此始"。"岁增变"，每年变化，花样翻新；"其益兴"，角抵越来越兴盛。

《后汉书·夫余国传》中也记载了东汉顺帝以角抵招待外国宾客使者的情况。

《汉书·霍光金日磾传》还记载了一场精彩的角抵场面：

何罗袖白刃从东箱上，见日磾，色变，走趋卧内欲入，行触宝瑟，僵。日磾得抱何罗，因传曰："莽何罗反！"上惊起，左右拔刃欲格之，上恐并中日磾，止勿格。日磾捽胡投何罗殿下。

扎根华夏

古代相扑雕刻

张衡（78—139），东汉时期伟大的天文学家、数学家、发明家、地理学家、制图学家、文学家、学者，为我国天文学、机械技术、地震学的发展做出了不可磨灭的贡献。由于他的贡献突出，联合国天文组织曾将太阳系中的1802号小行星命名为"张衡星"。

在描述中，"胡"的意思是"颈也，捽其颈而投殿下也"，东汉时期名士孟康认为"胡昔互，捽胡，若今相僻卧轮之类也"，据考证，"相僻"就是相扑，由此推知，角抵就是相扑，也就是摔跤。

东汉时期，杂技、武术、舞蹈、幻术、角抵等文体活动并称"百戏"，角抵在其中占有重要地位，所以百戏又称"角抵戏"。张衡《西京赋》称赞角抵"临迥望之广场，程角抵之妙戏"。

陕西发现有一块秦汉墓中的铜牌，上刻有表现角抵场面纹饰：两人赤脚站立，或抱腰、或扳腿，相互抱摔，形态逼真传神。

三国时期，角抵更是花样翻新，出现了女子摔角，妇人相扑，虞溥《江表传》记载：三国时东吴国之君孙皓，曾"使尚方以金作步摇假髻以千数，令官人著以相扑，早成夕败，辄使更作。""金步摇"是古代妇女使用的首饰，戴上首饰相扑，可见这种活动是以观赏为主。

秦汉时期，手搏作为一种攻防技击术，广为流

■汉代杂技俑

传。从秦代开始，手搏比赛就比较正规了。

湖北江陵凤凰山一座秦墓中有一件木篦，上面有漆面，画面上有3个男子，均上身赤裸，不穿短装，腰束长带；右边两人正在进行手搏比赛，左边一人手往前伸，似是裁判。值得注意的是手搏双方的装束和后来的相扑极为相似，两者似有一定的渊源关系。

汉代时，手搏称为"卞"或"弁"。《汉书·甘延寿传》记载

■汉代杂技俑

"延寿试弁为期门"。"弁，手搏也。试武士用手搏，以手固实用之术也。"很明显，手搏和角抵是两个类型的不同的项目。

汉末魏初人苏林说："手搏为卞，角力为戏也"，唐代人颜师古认为："手搏为卞，角力为武戏"，清代人王先谦注："今谓之贯摔"，种种资料表明手搏不同于角抵，而是综合运用踢、打、拿的搏斗技术。

**阅读链接**

角抵和手搏的技术实战性较强，《水浒传》中自称："三代相扑为生"的没面目焦挺，与李逵争斗时，第一回合"手起一拳"，把李逵打了个"塔墩"，第二回合是"肋罗里又是一脚"，把李逵"踢了一跤"，这种打斗方式和相扑、摔跤都不同，倒是类似于武术中的相扑和柔道，也类似于散打。

# 神医华佗初创健身五禽戏

华佗画像

汉代末年，神医华佗受"熊经鸟伸"的启发，并吸收了鹿、猿、虎等动物的动作特征，创立了"五禽戏"，"亦以除病，并利蹄足"，既可以健身治病，又能使人手足灵活有力，从而能自卫击人。

人类的象形习性是人类固有的品性，因而人类的象形活动伴随着人类的形成而发展。《尚书·皋陶谟》记载："予击石拊石，百兽率舞"，可见在旧石器时代，祖先就会像百兽之形了。原始社会出现的猿猴舞、雀鸟舞、熊舞等模仿各种动物动作的舞蹈，在《尚书》中被称为"百兽舞"，其中许多动作被

后来的武艺吸收，形成五花八门的象形拳。

■ 五禽戏木雕

　　至汉代，已经出现了模拟动物或吸收动物动作特点的拳种。湖南长沙马王堆汉墓的汉帛画中就有"沐猴灌"的名目和图像，表现的正是古代的猴拳，从形象上看，吸取了猴子敏捷的特点，也有拨弄挑逗、凌厉攻击、奔逃嬉戏的情景，十分逼真。

　　华佗，字元化，小时候非常聪明，但性格孤僻，长大后不愿意出仕做官，却特别喜欢治病救人的医术，他收集了很多秘方验方，但效果都不太理想，后来他听说名山之中常有得道的仙人居住，于是就遍游山川，拜师求道。

　　华佗这样访寻了好多年，虽并没有遇到想象中的仙人，却看到了不少活泼可爱的动物，如象、鹿、鹤、猿等，它们奔跑戏耍的形象，给华佗留下了深刻的印象，但他并没有悟出这与他所追求的医术养生术有什么关系。为了求道，华佗继续在深山中寻访。

**皋陶**　我国古代传说中的人物。史书典籍中多称为"大业"，传说他是上古"五帝"之首的少昊的后裔，东夷部落的首领。是舜帝和夏朝初期的一位贤臣，曾经被舜任命为掌管刑法的"理官"，以正直闻名天下。他还被奉为我国司法鼻祖，后常为狱官或狱神的代称。

五禽之戏

虎形　熊形　鹿形　猿形　鸟形

■ 五禽之戏

**方术**　古代用自然的变异现象和阴阳五行之说来推测、解释人和国家的吉凶祸福、气数命运的医卜星相、遁甲、堪舆和神仙之术等的总称。方术起源于原始社会的巫术。

**麻沸散**　传说华佗的儿子沸儿因为误食了曼陀罗的果实不幸身亡，华佗万分悲痛，在曼陀罗的基础上加了其他的几味中草药研制出了世界上最早的麻醉药，为了纪念他的儿子将这种药命名为"麻沸散"。

有一次，华佗来到公宜山，这是一座山势险峻、人迹罕至的大山，进得山来，但见怪石嶙峋，松柏争翠，脚下流水潺潺，山腰云雾缭绕。华佗不禁心旷神怡，陶醉其间，不知不觉来到一个古洞前面。

忽然，华佗听到洞中有人在谈论什么，他屏息细听，发现是两位老人正在谈论治病养生之事。华佗又惊又喜，心想梦寐以求的夙愿终于实现了！

但华佗又不敢贸然进洞，忽听见一位老人说："华生已经来到洞外，我们可将此术传授与他。"

另一位接道："华生虽然求道心切，但也还须开导一番，方可与他。"

华佗听到这些，再也不敢犹豫，立即走进洞中，只见两位老人，头戴草帽，相对而坐，华佗急忙躬身下拜，说道："晚生华佗，素好方术，寻访数年，未得真传，今幸遇仙者，乞为开悟，终身不负大恩。"

一老者道："医之为术，非人不传，念汝心诚，今传与汝。吾有数言，汝当牢记：为医之道，须无高下，无贫富，无贵贱，不务财贿，不惮劳苦，悯老恤幼，济世活人，以为己任，如此则不负吾心矣。"

华佗再次跪拜："圣贤之教，晚生铭刻在心，俱能从之。"

两位老者相视而笑，用手指着一个旁洞说："洞中石床上有书一函，取后速归，勿示俗流，切记吾言。"

华佗依言果得书一函，回头看时，两位老者已不知去向。华佗小心翼翼地走出洞外，忽然间云奔雨泄，石洞崩塌。

五禽戏

华佗携书回家，悉心研究，发现这是一部医书，理法方药一应俱全，与过去所见所闻皆不相同。依书中所论施疗，无不神效。其所擅长施用的麻沸散及剖腹开颅等方法皆出自该书中。

书中还记载了养生健身的方法，其中之一就是五禽戏。华佗素爱养生之术，一见五禽之戏，便每日依法演练，数年间游历山川所见猿、鹿、鹤、熊、虎等栩栩如生的形象便浮现在眼前，仿佛自己又置身于大自然之中。

日复一日，年复一年，华佗坚持演练五禽戏达到了出神入化的境界，收到了意想不到的效果，以致年且百岁，犹有壮容，时人以为仙，其实这都是长期演练五禽戏的结果。

华佗五禽戏包括虎戏、鹿戏、熊戏、猿戏、鸟戏5种仿生导引功夫。五禽戏动作柔和，而且与呼吸、意念相结合。

虎戏取自然站式，俯身，两手按地，用力使身躯前耸并配合吸气，当前耸至极后稍停；然后，身躯后缩并呼气；如此3次。继而两手先左后右向前挪移，同时两脚向后退移，以极力拉伸腰身。

接着抬头面朝天，再低头向前平视；最后，如虎行走般以四肢前爬7步，后退7步。

鹿戏也为四肢着地势。吸气，头颈向左转，双目向左侧后视，当左转至极后稍停；呼气，头颈回转，当转至面朝地时再吸气，并继续向右转，一如前法。如此左转3次，右转两次，最后回复如起势。然后，抬左腿向后挺伸，稍停后放下左腿，抬右腿如法挺伸。如此左腿后伸3次，右腿两次。

五禽戏塑像

熊戏取仰卧式，两腿屈膝拱起，两脚离床席，两手抱膝下，头颈用力向上，使肩背离开床席；略停，先以左肩侧滚落床面，当左肩一触及床席立即复头颈用力向上，肩离床席；略停后再以右肩侧滚落，复起。如此左右交替各7次。

然后起身，两脚着床席成蹲式，两手分按同侧脚旁；接着如熊行走般，抬左脚和右手掌离床席；当左脚、右手掌回落后即抬起右脚和左手掌。如此左右交替，身躯亦随之左右摆动，片刻而止。

猿戏是选择一牢固横竿，略高于自身，站立手指可触及高度，如猿攀物般以双手抓握横竿，使两肢悬空，作引体向上7次。接着先以左脚背钩住横竿，放下两手，头身随之向下倒悬；略停后换右脚如法钩

五禽戏之熊戏

竿倒悬。如此左右交替各7次。

鸟戏采取自然站式。吸气时跷起左腿，两臂侧平举，扬起眉毛，鼓足气力，如鸟展翅欲飞状；呼气时，左腿回落地面，两臂回落腿侧。接着，跷右腿如法操作。如此左右交替各7次。然后坐下。屈右腿，两手抱膝下，拉腿膝近胸；稍停后两手换抱左膝下如法操作。如此左右交替各7次。最后，两臂如鸟理翅般伸缩各7次。

华佗有两个弟子，一个叫吴普，一个叫樊阿，他们两人都曾向华佗请教养生方法，于是华佗就把自己创立的方法分别传授给了他们，结果，他们两人都得以高寿。吴普90多岁时还耳聪目明，牙齿坚固，樊阿100多岁时头发胡子都还乌黑发亮，精神气力比青壮年还旺盛。可见，华佗武术养生的效果是十分显著的。

中国功夫

中华武术历史与文化

阅读链接

后人将华佗的"五禽戏"视作各种象形取义的仿动物拳种的鼻祖，大概因为华佗的思路开创了一块全新的天地，直接影响了仿生术式武术的发展。

《三国志·魏书·方技传》记载："佗语普曰：人欲得劳动，但不当使极尔。动摇则谷气得消，血脉流通，病不得生，譬犹户枢不朽是也。是以古之仙者为导引之事，熊颈鸱顾，引挽腰体，动诸关节，以求难老……普施行之，年九十余，耳目聪明，齿牙完坚。"

# 武行天下

两晋南北朝时期，诸侯分裂割据，儒、道、佛三教合流，玄学盛行，大大丰富了我国武术文化。尤其是达摩祖师在嵩山少林寺，开创了禅武合一的武术宗旨，使少林成为千百年来的功夫之源，有"天下武功出少林"之说。

隋朝末年，由于各地义军兴起，大大推动了武术的开展。唐朝实行武举制，武则天规定了武举的项目和内容，用考试办法授予武艺出众者以相应称号，这种选拔人才的制度，也促进了武术活动的大发展。

# 达摩创立少林禅武祖庭

达摩塑像

公元520年前后，正是南北朝时期，印度高僧菩提达摩遵照师父的嘱咐，准备好行李，驾起一叶扁舟，乘风破浪，漂洋过海，用了3年时间，历尽艰难曲折，来到了我国广州。

广州刺史得知此事，急忙禀报金陵，梁武帝萧衍笃信佛教，他立即派使臣把达摩接到南朝都城建业，即南京，为其接风洗尘，宾客相待。

梁武帝即位以后建寺、写经、度僧、造像甚多，他很自负地询问达摩："我做了这些事有多少功德？"

达摩却说："无功德。"

武帝又问："何以无功德？"

达摩说："此是有为之事，不是实在的功德。"

武帝不能理解。

达摩是禅宗大乘派，主张面壁静坐，普度众生。由于他们的主张不同，每谈论起佛事，二人总是不投机。这时达摩感到建业不是久留之地，于是决定离开建业。

梁武帝深感懊悔，得知达摩离去的消息后，马上派人骑骡追赶。追到幕府山中段时，两边山峰突然闭合，一行人被夹在两峰之间。

达摩急着过江，停立江岸，只见水域茫茫，既没有篙，也没有船，连个人影也不见。这怎么过江呢？达摩十分焦虑。

谁知"天无绝人之路"。正在这无可奈何之际，达摩突然发现岸边不远的地方坐着一个老太太，身边放了一捆草，看样子好像也是在等船过江。达摩暗自盘算：这位老人偌大年纪，为何孤苦伶仃，无人护送照料？也罢！只有向老人家求助了。

于是他迈步走上前去，恭恭敬敬地向老人施了一礼，说道："老菩萨，我要过江，怎奈无船，请您老人家化棵芦苇给我，以便代步。"

■ 达摩图

**大乘派** 即大乘佛教，也称"大乘教"，略称"大乘"。因能运载无量众生到达菩提涅槃之彼岸，成就佛果，故名。在佛教的声闻、缘觉和菩萨乘的三乘教法中，菩萨乘为大乘教法，历史上的北传佛教均以大乘为主。

禅杖　佛门中的禅杖原是禅门之中在坐禅时用以警睡之具。后演变为一种兵器。长约5尺，通体铁制，两头有刃。一头为新月牙形，月弯处有4个小孔，分穿4个铁环，另一头形如倒挂之钟，长约7寸。尾端两侧各凿一孔，穿有铁环，柄粗寸余。禅杖两头均可使用。

老人抬起头来，仔细地端详达摩。见他两只突鼓的眼睛炯炯有神，满脸络腮胡子，卷曲盘旋，身材魁梧，举止坦然，形象端庄，仪表非凡。老人暗自点头称许，便顺手抽出一根芦苇递予达摩。

达摩双手接过芦苇，向老人道谢而去，及至江边，他把芦苇放在江面上，只见一朵灵苇花，昂首高扬，5片芦苇叶，平展伸开，达摩双脚踏于卢苇之上，飘飘然渡过了长江。

达摩过江以后，手持禅杖，信步而行，见山朝拜，遇寺坐禅，当他来到洛阳时，看到永宁寺内十分精美的宝塔，自言："年150岁，历游诸国，从未见到过。极佛境界，亦未有此！"因而他"口唱南无，合掌连日"。

527年，达摩到达了嵩山少林寺。达摩看到这里群山环抱，森林茂密，山色秀丽，环境清幽，佛业兴旺，谈吐文雅。心想，这真是一块难得的佛门净土，于是，他就把少林寺作为他落迹传教的道场。

五乳峰中峰的上部，离峰顶不远的地方，有一个天然石洞，这个石洞高宽不过3米，长度约有7米。方方的洞门，正好向阳敞开，冬暖

■达摩苇叶渡江

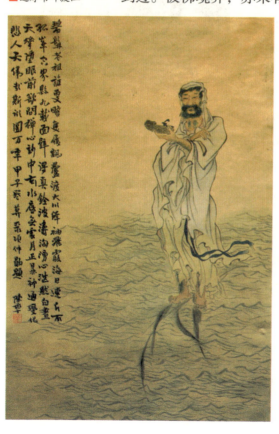

夏凉。洞前有一堆紧凑的小草坪，周围，不见天空。真是："此地无盛夏，空山听鸟鸣。"

达摩来到少林寺后，就把这个天然石洞作为他修性坐禅的地方。相传达摩在这个石洞里，整日面对石壁，盘膝静坐。不说法，不持律，默然终日面朝壁，双眼闭合，五心朝天，在"明心见性"上下工夫，在思想深处"苦心练魔"。

洞内静若无人，万籁俱寂，入定后，连飞鸟都不知道这里有人，甚至在达摩的肩膀上筑起巢穴来了。

■ 达摩面壁图

"开定"后，达摩就站起来了，活动一下四肢，锻炼一下身体，待倦怠恢复后仍继续坐禅。

达摩终日静坐，不免筋骨疲倦，又加上在深山老林，要防野兽和严寒酷暑的侵袭，在传经时，他发现好些弟子禅坐时间久了，昏昏欲睡，精神不振。为了驱倦、防兽、健身、护寺，达摩等人仿效我国古代劳动人们锻炼身体的各种动作，编成健身活动的"活身法"传授僧人，此即为"少林拳"的雏形。

此外，达摩在空暇时间还练几手便用铲、棍、剑、杖等防盗护身的动作，后人称之为"达摩

入定 即入于禅定，为三学、五分法身之一，能令心专注于一境，可分为有心定、无心定等种。有为佛道修行而入定者，也有为等待多年后将出现于世的圣者而入定者。要入定，就要具备一些因缘，就是要离昏沉、掉悔、嗔、疑、贪欲"五盖"。

■ 达摩修行塑像

铲""达摩杖""达摩剑"等，以后，他又吸取鸟、兽、虫、鱼飞翔、腾跃的姿势，发展丰富了"活身法"，创造了一套动静结合的罗汉十八手，由此成为少林功夫的基础。

少林功夫不仅仅是由一串拳脚棍棒组成的，它还包含着一种精神，这种精神是由少林功夫形成的历史赋予的。

"功夫"一词是佛教专用名词，禅宗的修行成果就叫"功夫"。比如坐禅、参话头就叫"做功夫"。"做功夫"的目的是为了开悟成佛，超凡入圣，彻底改变人的品质。

少林功夫是禅和武的结合，达摩教少林僧人习武是一种修行，所以又叫"禅武"，"禅武合一"，故有"禅武同源，禅拳归一"之说。禅为武之主，武为禅之用。即武是禅的表现，是禅生命的有形化；禅是武的精神实质，以禅入武，便可达到武术最高境界；武学大道也就是禅道。

除武法外，后世少林医法、建筑、书画、雕刻等文化艺术，都是禅的应化。

这样，入定，开定，日复一日，年复一年。从527年至536年，整整面壁9年。当他离开石洞的时候，他坐禅面对的那块石头上，竟留下了一个达摩面壁姿态的形象，衣裳褶纹，隐约可见，宛如一幅淡色的水墨像。人们把这块石头称为"达摩面壁影石"。

达摩所创立的少林禅宗虽然是宗教的，其实更是哲学的，是人类追求情感满足的一个重要方面。佛教从汉代传入我国多年之后，禅宗成为佛教和佛学的同义语，因此少林功夫产生于少林寺，与禅宗结下了不解之缘。

后来，达摩祖师留下了武学瑰宝《易筋经》，这是一种改变筋骨的方法，经常练习《易筋经》可以收到防治疾病、延年益寿的效果。

《易筋经》包括内经和外经两种锻炼方法，各有12势。《易筋经》经内经采用站式，以一定的姿势，借呼吸诱导，逐步加强筋脉和脏腑的功能。大多数采取

水墨 即"水墨画"，中国画的一种表现形式，是国画的代表。基本的水墨画，仅有水与墨，黑与白色，墨为主要原料加以清水的多少引为浓墨、淡墨、干墨、湿墨、焦墨等，画出不同浓淡层次，别有一番韵味。

■ 达摩讲禅图

蓬勃发展

武行天下

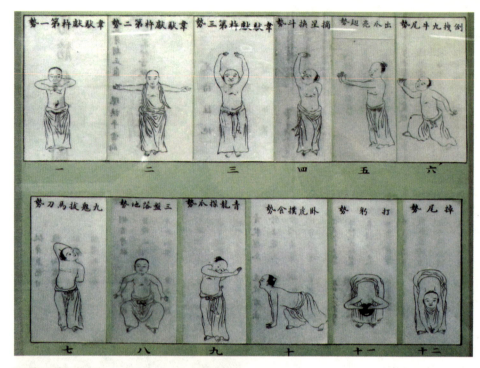

| | | | | | |
|---|---|---|---|---|---|
| 韦驮献杵第一势 | 韦驮献杵第二势 | 韦驮献杵第三势 | 摘星换斗势 | 出爪亮翅势 | 倒拽九牛尾势 |
| 一 | 二 | 三 | 四 | 五 | 六 |
| 九鬼拔马刀势 | 三盘落地势 | 青龙探爪势 | 卧虎扑食势 | 打躬势 | 掉尾势 |
| 七 | 八 | 九 | 十 | 十一 | 十二 |

■《易筋经》十二
势图解

068

中国功夫

中华武术历史与文化

**圆寂** 谓圆满诸
德，寂灭诸恶。
佛陀之死为收迷
界之化用而入悟
界，既已圆满诸
德，寂灭诸恶，
故称"圆寂"，
后世转而称僧徒
之死。又称"归
寂""示寂""入
寂"。与涅槃、
迁化、顺世同
义。也指离生死
之苦，全静妙之
乐，穷至极之
果德。

静止性用力。呼吸以舒适自然为宜，不可屏气。

《易筋经》包括韦驮献杵3势、摘星换斗、三盘落地、出爪亮翅、倒拽九牛尾、九鬼拔马刀、青龙探爪、卧虎扑食、打躬势、工尾势等。

这段时间，道育、慧可两位僧人礼见达摩最多，并亲近和供养了他四五年。达摩感觉他们真诚，传授他们禅宗衣钵。

传说达摩将衣钵法器传给慧可以后，便离开少林去禹门，禅栖在干圣寺，于东魏孝静帝时端坐圆寂。达摩死后，他的尸骨按照佛教的礼仪装殓入棺，十二月隆重地移葬在熊耳山，在河南定林寺内为他建造了一座墓塔，以作纪念。

达摩之死，世所共知。东魏时期使臣宋云因事出使西域久而未归，对于达摩辞世的事一无所知。达摩死后两年，宋云从西域返回洛京。在途经葱岭的时候，迎见达摩一手拄着锡杖，一手掂着一只鞋子，身穿僧衣，赤着双脚，由东往西而来。

两个人相遇后，宋云急忙停步问道："师父你往哪里去？"

达摩回答说："我往西天去。"接着又说："你回京以后，不要说见到了我，否则将有灾祸。"

两人道罢，各奔东西。

宋云以为达摩给他说的是戏言，丝毫没有介意。回到京城以后，向皇帝复命交旨时，顺便提到了他途经葱岭遇见达摩老祖回西天的事情。

谁知话音未落，孝静帝就发了火，怒斥宋云："人所共知，达摩死于禹门，葬于熊耳山，造塔定林寺，你说在葱岭遇见了达摩，死人怎么复活？这分明是欺君骗朕，岂有此理？"说罢，孝静帝便令殿角侍卫把宋云扭出殿外，投入南监。

事隔数日之久，一天，孝静帝坐朝审理宋云欺君一案。将宋云传上殿以后，孝静帝问道："你在葱岭遇见达摩的事情，究竟是怎么回事，你要如实说来。"

宋云先叩头，后说出一首

塔 原为古印度埋葬佛祖释迦牟尼火化后留下的舍利，是一种佛教建筑，汉代时随着佛教在东方的传播，与我国的本土建筑重楼相结合，并广泛扩散，发展出了塔这种极具东方特色的传统建筑。

■ 达摩雕塑

■达摩佛塔

诗："皇上容禀：葱岭见达摩，祖师光着脚，一手拄锡杖，一手提只履。僧衣随风飘，翩翩向西行。他说回西天，不让我吭声，假若说出去，灾祸必报应。臣觉是戏言，顺便奏主君。如今从实说，句句都是真。不敢欺皇上，万望是非分。"

孝静帝听了以后，半信半疑，真假难辨，无所适从。君臣们在殿角下，也是议论纷纷，最后有人建议说："达摩西归宋云见，监禁岂敢再欺天，既然真假是非难辨，可以开棺验尸。"

孝静帝采纳了后一条建议，遂把达摩墓穴挖开，撬开棺盖一看，果然没有尸骨，只剩下一只鞋子了。宋云蒙受的不白之冤遂平反昭雪。

**阅读链接**

传说禅宗初祖达摩大师圆寂后，曾留下一个铁箱子，弟子们打开箱子，发现达摩老祖用天竺梵文所写的两部武功秘籍《洗髓经》和《易筋经》。《洗髓经》被二祖慧可带走，已经失传；《易筋经》则留在少林寺。

由于少林寺僧人并不精通梵文，每人都只能看懂《易筋经》的一部分，于是大家各自根据不同的理解练习，竟然从此将少林功夫分化出诸多门派，光大了少林功夫。

# 少林棍僧协助建立大唐

617年，隋朝的唐国公李渊、秦王李世民父子在太原起兵，乘关中空虚，占领了隋都长安。次年，隋炀帝被杀，李渊在长安称帝，改号称"唐"。

唐朝刚建立的时候，天下仍处于群雄割据之中，最使李氏父子担心的是郑、夏势力的发展和存在。原隋大将王世充盘踞洛阳，号称郑国皇帝，势力十分雄厚。另有河北窦建德也在极力招兵买

■ 李世民（599—649），唐代第二位皇帝，登基后，开创了著名的贞观之治，他虚心纳谏，厉行俭约，轻徭薄赋，使百姓休养生息，各民族融洽相处，国泰民安，对外开疆拓土，被各族人们尊称为天可汗，为后世明君之典范。

中国功夫

中华武术历史与文化

■ 武僧习武壁画

尚书令 古代官名。始于秦,西汉沿置,本为少府的属官,掌文书及群臣的奏章。汉武帝时以宦官司担任,汉成帝时恢复尚书令名称,权势渐重领导尚书。东汉政务归尚书,尚书令成为对君主负责总揽一切政令的首脑。

马,扩大地盘,号称夏国皇帝,二者成了唐政权统一天下的最大障碍。

620年,李世民以太尉、尚书令、秦王等身份率兵出关,征战王世充,大军屯于北邙山,而后寻机向王世充外围据点进攻。

征战之初,唐军进展并不顺利,为调动当地各种反郑力量,善于动脑筋的李世民特意给置于王世充辖区的少林寺住持僧写了一封书信,信中劝说少林和尚认清大局,顺乎正义潮流,帮唐军征战王世充。

此时的少林寺众僧,饱尝了隋末动乱的打击之苦后,寺院重建尚未完善,众僧聚集在少林寺西北的柏谷庄,守护着那里寺院的百顷良田。

唐郑两军对垒,王世充出于战争需要,对要地柏谷庄进行了强制性占领,并命侄子王仁则驻军把守。他们依靠险要地形,建立军事工事,进而企图吞并少林寺赖以生存的唯一田庄。

　　少林寺僧对此虽早有不满，但又无可奈何。这时恰遇唐郑两家交锋，又早闻李世民的英明，少林寺僧众也就暗中做了唐军的帮手。

　　620年9月，李世民大兵向洛阳逼近，围困洛阳城不放。同时还继续对洛阳外围王世充势力进行打击。李世民派大将王君廓攻克了郑军要点。

　　李世民初来乍到，进兵不利，在一次观察作战地形时，被郑兵俘虏，囚禁在洛阳城大牢，他的弟弟李元吉带兵来救，又被王世充打败，情势十分危急。

　　这个消息很快被少林僧人听说了，全寺上下不甘心再受王世充之欺，决心冒险救下李世民。

　　一天夜里，少林寺的"十三棍僧"凭着对洛京地形的熟悉，摸到了洛阳城下，这13个和尚分别是上座僧善护，都维那僧惠玚，寺主僧志操，以及昙宗、

■古代骑兵雕塑

073

王世充 （？—621），字行满，本来姓支，是西域的胡人。我国隋朝末年起兵群雄之一。公元619年自立称帝，国号郑，年号开明。公元621年，被李世民击败，郑亡。同年七月，王世充被仇人所杀。

■ 少林寺武僧救唐
王壁画

**回合** 是源于我国古代车战的主要形式。在车战开始时，战车驶向对方，两方开始交战：先是远程，射者对攻；在战车靠近后，再用戈矛交战；然后战车擦身而过，驶向远方，再是弓箭对射。这个过程成为"合"。战车驶远后，各自必须再兜过头来，准备第二次对攻。战车掉头的过程，就是"回"。两车再驶近而"合"。

普惠、明嵩、灵宪、普胜、智守、道广、智兴、满、丰。他们去掉了平时绑在身上练功用的"重身"沙袋，一个个身轻如燕，很快爬上了城头。

志操和尚以往常出入洛阳，大街小巷都十分熟悉，大伙就跟着他左拐右转，不一会儿就找到了大牢。这里戒备森严，往来巡逻的兵丁很多，和尚们却神不知鬼不觉地抓了几个喽啰提到僻静处盘问，弄明白了李世民被关押的位置和掌管钥匙的情况。大家在大牢外搭起人梯，昙宗领着智守、普胜等人进去救人。

当时正是深夜，昙宗舔破窗纸发现管大牢钥匙的百总正趴在桌子上打呵欠，就以迅雷之速推门进入，把那家伙捆了个结结实实，搜出了钥匙。守牢的狱卒也是不堪一击，几位和尚略施身手就将他们制服。

李世民带着一具大枷，正一脸疲态地靠着墙根坐在地上，突然看见几个年轻和尚到了跟前，正待发问，昙宗连忙摆手，止住了问话，随手拿出钥匙开了大枷，蹲下身去背着李世民出了大牢。

他们当即拿定主意：一不做，二不休，干脆兵分两路，一路护送李世民出城，到洛阳桥头等候；一路去捉拿王仁则。

在善护带领下，昙宗、明嵩等5人，穿过伊洛街口，见有三四个郑兵在一座高楼前游荡，便抓住其中一个，让他领到王仁则院前，又想办法打开了房门。

当时，屋内的王仁则正在喝酒取乐，忽见有人进屋，劈头就是一剑，昙宗来个镏金沙飞掌，拨过来剑，闪进屋中，两人就在屋内相斗起来。几个回合，昙宗伸手抓起一泡菜缸上的石磨照着王仁则砸去，只听"啊呀"一声，王仁则倒在地上。

昙宗一脚踏在王仁则身上，明嵩进到屋里，用绳子将王仁则一绑，昙宗像扛粮食袋子似的，往肩头一放，顺手抓起了桌上一方玉印，5个僧人一同赶往洛阳桥。

再说志操他们，在官马棚牵了14匹战马，接应营救李世民的一路人后，将李世民扶上马，破门来到洛阳桥头等候。

不多时，昙宗扛着王仁则来到桥头，翻身上马，用胳膊夹着王仁则，14匹战马直向西而去。

这时天就快亮了，守城的士兵正值松懈之际，大伙齐声呐喊着扑上前去，杀散了兵士，打开城门，往嵩山方向疾走。

不久，一名郑将骑马领兵追了出来，志操和尚回身一招"只

■ 秦琼（？—638），唐代著名大将，勇武威名震慑一时，是一个于万马军中取人首级如探囊取物的传奇式人物。曾追随唐高祖李渊父子为大唐王朝的稳固南北征战，立下了汗马功劳。因其功居于凌烟阁二十四功臣之一。民间将其与尉迟恭作为传统门神。

燕穿云",将他打落。就这样且战且退,后来,唐将秦琼赶来支援,将李世民顺利接回了唐军大营。

13个少林和尚把俘虏到的郑将王仁则和那块玉印,一并交给了李世民,便得胜回柏谷庄去了。

少林寺的"十三棍僧"冒险救出了李世民后,又在随后唐郑两军再次对垒的时候,从寺里带了500僧兵,悄悄地穿过轩辕关,直抄郑军后路。唐军大受鼓舞,锐不可当,迫使王世充不得不归降了李世民。

为感谢少林众僧的战功,李世民登基以后,"嘉其义烈,频降玺书宣慰,赐田四十顷,水碾一具,即柏谷庄是也"。

621年4月,唐政权对13位战功突出的少林和尚不但均有赏赐,而且封昙宗为大将军。这是一个莫大的光荣。为了传颂这一光辉荣耀,少林寺还特意竖一通《皇唐嵩岳少林寺碑》立传,向后人炫耀这一丰功伟绩。

碑的正面左上方"世民"两字为李世民以亲笔草书嵌入。碑的阴面附有13位立功和尚的名字,此碑虽经千年风雨,但至今完整屹立,

■少林武僧

字字行文，历历在目。

在少林寺，还有一通名为《少林寺新造厨库记》的唐碑，其中对少林僧参加唐郑之战的原因也给了明确说明："赐田于开皇，若乃顺天应人，擒盗助信，摧魔军于充斥，保净土于昏霾。"撰文者顾少连把郑军称为"魔军"，那么，少林僧兵和唐军也就相应成了顺天应人的正义之师了。

少林寺在修法传灯的过程中，对助唐立功受赏的事件还不断地进行美化和修饰。他们演义"少林十三僧"助唐立功为"十三和尚救唐王"立功，并在寺内多处绘制图画，炫耀少林武僧们的辉煌之举，张扬少林武僧的功绩与威风。

与少林寺形成武装力量相应的是，以观世音菩萨愿力信仰为核心的那罗延金刚神信仰开始流行，并一直延续至14世纪的元代末期。

盛唐以来，禅宗教法盛行，成为佛教主流。少林功夫立足实用、注重技击的特点逐渐显现出来。

此时，少林寺规模空前扩大，寺产颇丰。保护寺产安全及重要社会活动，对武僧们的技击水平提出了更高的要求，习武，成为寺僧们重要的生活内容。

如唐代的圆静和尚，自幼习武，善练刀、枪、鞭术，尤擅气功，众称铁汉子。30岁后皈依少林寺，号称"铁和尚"。

■ 皇唐嵩岳少林寺碑

**观世音菩萨** 观世音是鸠摩罗什的旧译，玄奘新译为观自在，我国称为"观音"。观世音菩萨是佛教中慈悲和智慧的象征，无论在大乘佛教还是在民间信仰，都具有极其重要的地位。在我国的江、浙、闽、广、台湾，以及南洋华侨间，观音信仰极为普及。

根据少林寺武僧谱记载，少林刀术即起源于圆静和尚，如"圆静善马挥刀……（敌）首级遍地血成河"，就反映了圆静和尚的高超刀技。这说明少林刀术也是寺僧们为了健身自卫，在防盗护院和实际作战中逐渐发展起来的。

少林拳术套路大部分在36个动作以内。套路短，组合招式严密紧凑。整个套路练习所用时间短，目的是为了练习者在练功中能集中全身之能量，一气呵成，利于每个招式功夫的增长。避免套路太长而使其因体力不足勉强敷衍的缺陷。

少林拳法讲究"拳打一条线"。直线的运动，有利于进退速度。练功时，少林功夫套路的起、落、进、退、闪、展、腾、挪等都在一条线上运动。

少林功夫的招法运用上，有"老嫩"之分。老者指招式太过，嫩者指招数不及。招式的"老嫩"影响出招发力。因此，少林拳法为避免老嫩之弊，采用非曲非直之法。发一拳一掌，其力量最大之瞬间在

少林功夫雕像

■少林寺武僧雕刻

非曲非直之间。

若将拳掌发"老"，即伸直，成了强弩之末，只剩余力罢了；若将拳掌发"嫩"，即仍曲臂，乃发力之初，意、气、力刚生之时，其力大部分仍被困在丹田内。

**阅读链接**

在历代皇室的支持下，少林僧人"昼习经典，夜练武略，修文不废武备"，习武同实战紧密结合起来。一部分少林和尚实际上变成了皇家所供养的特殊军队，习武性质也较以前大不相同。

"谈玄更演武，礼佛爱论兵"的风气成了少林寺世代相传的特殊宗风。明代诗人徐学谟在其《少林寺杂诗》中说得好："怪得僧徒偏好武，昙宗封为大将军"。

的确，自唐太宗击退王世充，赐昙宗官，僧人练习武艺更加勤勉，少林僧兵自此走上了直接为皇家服务的道路，在以后的朝代里，少林僧或接旨去镇压"反叛势力"，或消灭民族败类，或出征抵御外来侵略，功功过过间而有之，习武宗风，代代相传不止。

# 女皇武则天设立武举制度

■ 武则天画像

在我国历史上，唯一的女皇武则天是一位通晓文史、机智权谋的政治家。唐高宗死后的第七年，即684年，武则天正式登上皇帝宝座，并改国号为"周"。登基之后，武则天四处选拔武功过人的人才，并于702年正式设置了"武举"制度。

科举制度，是我国古代封建王朝为取"士"选择官吏而设置的"分科取士举人"的考试制度，始建于隋代，经唐完备，历宋、元、

■ 武举人匾额

明、清代1300多年，影响极大。

武举制是作为国家选择军事方面的人才而设立的考试制度。这种制度实际上在唐代之前已经有些端倪，汉朝取士选用"察举制"，按科荐举贤良，最后由皇帝评定高下，按能授官。察举制度的10多个科目中就包括了"兵法"内容。

《汉书·成帝纪》存有汉成帝元延元年，即公元前12年诏："壮边二十二郡，举勇猛知兵法者各一人"，实际上已具备了武举制的轮廓。

至隋代正式使用"科举"制度取士，隋炀帝于607年下诏："天下之重，非独治所安，帝王之功，岂一士之略。自古明君哲后，立政经邦，何尝不选贤与能，收采幽智……才堪将略，则拔之以御侮；膂力骁壮，则任之以爪牙。爰及一艺可取，亦宜采录，众善毕举，与时无弃……"

这已经是科举内容，而且选人标准也非常明确，"才堪将略""膂力骁壮"并举，成为后世武举制度的楷范，隋炀帝对武举制度的建立居功至伟。

**隋炀帝**（约569—618），一名英，小字阿𡡉，隋朝第二代皇帝。他在位期间修建大运河，开通永济渠、通济渠，加修邗沟、江南运河，营建东都并迁都洛阳城，开创科举制度，亲征吐谷浑，三征高句丽，有一定政绩，但是因为滥用民力，造成了天下大乱。

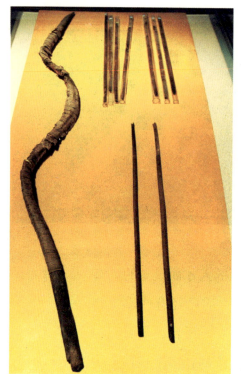

■ 弓箭是武举考试的重要科目

中国功夫

中华武术历史与文化

**侍郎** 我国古代官名。汉代郎官的一种，本为宫廷的近侍。东汉时期以后，尚书的属官，初任称"郎中"，满一年称"尚书郎"，三年称"侍郎"。自唐代以后，中书、门下二省及尚书省所属各部均以侍郎为长官之副，官位渐高。

随着科举制逐步的兴盛，军人地位也日显颓势，"三卫"即亲卫、勋卫和诩卫，在唐代初曾经是为人所羡、升迁快捷的美差，变为"历年不迁，士大夫亦耻为之"。

勋官是唐代初制定的给立军功者的赏格，但至武则天时，求勋官的人越来越多，而征战之事又不多，所以百姓感到求取勋官有困难，很辛苦，因此百姓都"不愿征行"了。

武则天眼看着征役都有困难，社会尚武之风日衰已是趋势，针对这种形势，她决定正式设立武举制，《通典·选举三·历代制下》记载："长安二年，教人习武艺，其后每岁如明经进士之法，行乡饮酒礼，送于兵部"。

因为武举制是一条进取仕途的路径，当时的武状元官至侍郎，所有武举人的荣耀都不亚于唐初在战场用生命换来的勋官。

武举制的产生也与此社会现象有一定的关系，希望通过同样的选拔举措，选拔优秀的军事人才，同时提升军人的社会地位，强化社会的尚武风气。

据《通典》《新唐书》《文献通考》等史书记载，当时，武举考试的主要内容有：

一是长垛。"长垛"项目的考试方法是："画帛为五规，置之于垛，去之百有五步，列坐引射"，

"规"，即"院"，相当于今天的环靶，应试者用石弓和六钱三箭连射30箭，均在第三"院"内为第，以后依次为上、次上、次。

二是马射。又名"骑射"，方法是"穿土为埒，其长与垛均，缀皮为两鹿，历置其上，驰马射之"。

三是马枪。具体做法："断木为人，戴方版于顶上，凡四偶人，互列埒上，驰马入埒，运枪左右，触必版落，而人不踣。"

四是筒射。"筒射之箭，长于尺余，剖筒之半，长与常弓所用箭等，留两三寸不剖。为答以傅弦，内箭筒中，注箭弦上，筒旁为一小窍，穿小绳系于腕，彀弓即发，豁筒向手，皆激矢射敌，中者洞贯，所谓筒射也"。

五是步射。即射草人。

六是穿。以弓射铠甲，穿透甲片以测弓力。

《文献通考》
简称《通考》，宋元时代著名学者马端临编撰。从上古至宋代宁宗时期的典章制度通史。是继《通典》《通志》之后，规模最大的一部记述历代典章制度的著作。和《通典》《通志》合称"三通"。

■ 武举人练习负重的石锁

七是翘关。用双手把很重的大门闩举起来，武则天规定应试者要把长1.7丈，粗35寸的大门闩双手连续举起10次。

八是负重。举石、扛鼎，所举之石，两边有扣手，大号重150千克，二号重125千克，石头离地一尺。

九是材貌。即外形选择，身高六尺为上。

十是语言。要求应试者"应对祥明，并有神采"。

《文献通考·选举》记载：

> 唐永隆元年，右补阙薛谦光言：今武能制敌之科，只今弯弧。夫赵云虽勇，资诸葛之指挥；周勃虽勇，乏陈平之计略。
>
> 若使樊哙居萧何之任，必失指从之机，使萧何入戏下之军，亦无免主之效。是之谋将不取于弓马，良相不资于射策。愿降明制，循名责实。文则试以效官，武则令其守御。

薛谦光所言表明他对武举考试忽视军阵谋略有看法，但正好反映了武举考试对武艺的重视。武举制的影响和意义不可低估，这种面向社会各阶层选拔勇武之才的方法，为此后历代历朝所沿袭。

**阅读链接**　从702年起至1901年被废，武举制度是我国武术史上的一件大事。武举内容的确立，无疑对武术内容起到了规范作用，仕宦之诱，改变了人们重文轻武的观念，又极大地激发了人们练武的热情。

# 许宣平创三世七太极拳

在盛世唐代，有一位隐居于翠微山中的修道之人，名叫许宣平。唐睿宗景云年间，他隐居在城阳山的南坞，盖了一所小草房居住。在平常日子里，许宣平长发披肩，行走如飞，有一身超常的本领，因此，人们叫他"许仙人"。关于许宣平，在许多书中都记载，多描述为："身长七尺六寸，髯长至脐，发长至足，行如奔马。"人们没有见他吃什么，就以为他不吃饭。

许宣平有时候担着柴到城里来卖，柴担上常常挂着一个花葫芦和一根弯曲的竹杖，常常醉后腾腾地拄着竹杖回山，独自吟唱道："负薪朝出卖，沽酒日西归。路人莫问归何处，穿入白云行翠微。"

30多年来，许宣平多次把人

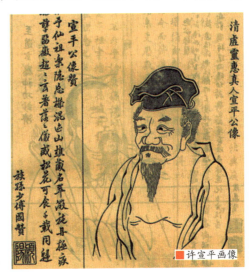

许宣平画像

太极拳运气雕塑

从危难中拯救出来，有时候他还为人们治疗各种疾病。很多城里人都去拜访他，但并不能见到他，只见到他住的小草房的墙壁上题诗说：

隐居三十载，石室南山巅。
静夜玩明月，明朝饮碧泉。
樵人歌垅上，谷鸟戏岩前。
乐矣不知老，都忘甲子年。

当时许多人都诵读许宣平的诗，使他的诗在长安盛行一时。在官道上从洛阳到同华之间的传舍里，到处题着他的诗。

就连大诗人李白也听说了许宣平的诗名，于是他就途经九华山、黄山、齐云山，最后来到翠微山里寻访许宣平。

李白来到山脚下，只见林海茫茫、小路崎岖，一时不知所往，于是漫步走到江边，想找人问问路。正巧看到野渡之上泊有一艘小船，他连忙跑到近前朗声问道："船家，可知许宣平许仙人住在哪里？"

闻声，船篷内走出一人，斗笠遮面，长发披肩，手拄一根竹篙，歌唱道："山中轻雾绕，迷蒙石径遥；欲问许仙人，门前仅一篙。"

李白听后答谢一声即匆匆离去，他沿着石径在山中仔细地寻找。江南的山里到处都生长着竹子，更有好多门前有竹子的人家，然而仅有一棵竹子的却始终没有见到。

看看天色将晚，李白只好无可奈何地返回江边，寻到一间酒楼休息。有了酒，这位诗仙灵感就来了。他猛然想起在江边问路的船上，在舱外不就立着一支篙吗？那位船家一定就是许宣平啦！

李白急忙又跑回江边，只见暮霭沉沉，烟波浩渺，江面上哪里还有什么船啊！李白心里感到十分懊悔和怅惘，后悔当时没有悟出船家诗歌中的意思，与许宣平失之交臂。

李白多次求访也没找到许宣平，在他的小草房的墙壁上题诗道：

我吟传舍诗，来访真人居。

烟岭迷高迹，云林隔太虚。

窥庭但萧索，倚柱空踟蹰。

应化辽天鹤，归当千岁余。

有一年冬天，野火烧毁了这所小草房，从此人们就不知道许宣平的行踪了。

但100多年以后，郡中人许明奴家有一位老妇人，曾经结伴进山打柴，独自在南山中见到一个人坐在石头上，正在吃一个大桃子。

那人问老妇人说："你是许明奴家的人吧？我是许明奴的祖先许宣平。"

老妇人说："我们早就听说您已经成仙了。"

许宣平说："你回去，替我对许明奴说，我在这山里头。我给你一个桃吃，不能拿出去。这山里虎狼很多，山神很珍惜这桃子。"老妇人就把桃子吃了。味道很美，不

李白画像

**山神** 古人将山岳神化而加以崇拜。从山神的称谓上看山神崇拜极为复杂，各种鬼怪精灵皆依附于山。历代天子封禅祭天地，也要对山神进行大祭。祭山时大多用玉石和玉器埋于地下，也有将祭品鸡、羊、猪或玉石投入山谷或悬于树梢。

一会儿就吃光了。

许宣平打发老妇人和打柴的人们一起回家说了此事。许明奴的家族非常惊异，全郡的人都传闻此事。

后来老妇人就不爱吃饭，一天天变得年轻，比平常轻捷健壮。

许宣平还传了他在深山中悟得的一套太极拳法，功名称"三世七"，这套拳的招式，其灵感来自天然的各自独立的36道山泉石门，水至柔，石至坚，阴阳缠绕，刚柔相济……故不分何式为先何式为后，只要将每式学会，打起来可以相继不断，绵绵不绝。

三世七太极拳共三十七势。练此太极拳，应一势练成，再练一势，不能心急。至三十七势全部练成，无论何势先，何势后，只要将势练成，自然37势相继不断，一气贯成，所以又可以谓之长拳。

■ 太极拳

许宣平的三世七太极拳每一势中双手均是以指尖

■ 太极拳祖祠壁画

领劲，走太极S曲线。左脚与右脚所在的两个点，正是绕S曲线所依的圆心。当手运到中间，无法穿过胯下而绕成完成的S曲线时，只要以意思走出完整的S曲线就可以了。

再接继下来的动作也是如此，周而复始，由正反S曲线首尾相连成闭环。双手均作S曲线时，手自然会一前一后，前手起到引领的主导作用，称谓"乾手"，后手起到配合的宾辅作用，称谓"坤手"。

无论是从正面看，还是从侧面看，或者俯视，这个由手指领劲绕成的封闭S曲线环都呈现出半个太极图的样子。

乾手与坤手，一前一后走在这个封闭的S曲线环上的时候，当乾手正在画立圆的时候，坤手正在画平圆，接着乾坤交换，反之也然。

三世七 也有称"三十七"的，是指本套太极拳共三十七势。三世指的是前世、今生与来世。一只手旋转着划出一道半弧，这只手正由它的过去走向它的未来。如果另一只手再沿着这半弧的轨迹旋转跟来，那么前手是后手的将来，后手是前手的过去。

■ 太极拳

**罗盘** 由位于盘中央的磁针和一系列同心圆圈组成。古人认为，人的气场受宇宙的气场控制，人与宇宙和谐就是吉，人与宇宙不和谐就是凶。于是，他们凭着经验把宇宙中各个层次的信息，全部放在罗盘上，以此寻找最适合特定人或特定事的方位或时间。

当乾手由立圆到水平圆变化成扭转的S环时，坤手正在由水平圆到立圆变化成扭转的S环。乾坤两手相交错绕环，套在一起，从任意一侧看投影图，都是半个太极图。

一只手的一个完整S曲线运动轨迹共经历了12个阶段，即易经中乾卦的六爻与坤卦的六爻。当乾手以乾卦第一爻起，坤手即以坤卦第一爻开始，直至运行到第六爻乾坤互易，再至第十二个阶段第二次乾坤互易复归于初。

练三世七太极拳时，一身犹如八卦罗盘，中间为八卦排列组成六十卦方阵，为地。四周为六十四卦排列成圆，象征为地的六十四卦中，坤居西南，乾居东北，守坤德，自然朋友多多，所以坤卦说西南得朋，东北丧朋。意思是主张修炼者多修坤德。

修炼三世七太极拳，感知地心与自己的交互作用，融身心与宇宙自然，渐入天人合一的道境。修炼

三世七太极拳，动静皆依循易理，可以感悟每一个人生阶段自我定位的重要，辨吉凶，知进退，守坤德，通权变。

　　许宣平传下来的这套太极拳，正是他一生修身养性的浓缩，而这个正反S线是也正是一套太极拳的浓缩。当人们静下心来，体察正反S线的乾坤交变时，就能激发出潜能和灵感，往往很多疑难都可会灵光一闪而豁然贯通。

阅读链接

　　与唐代许宣平同时，还有一种先天拳，也叫"长拳"。此拳功为李道子所传。李道子为唐代道人。

　　令人称奇的是，按明朝武术家宋远桥在其《宋氏太极功源流支派论》中叙述，他当时游历安徽径县，因听说当地俞家世精太极拳功，便去拜访。因问源流，俞氏言，系唐时李道子所传，俞门代代相承。当年，俞门传人每年必到潜山去拜望李道子，如此直至宋代，李道子仍在。而至宋代末期，李道子忽然不知所往。

# 李白对剑术的非凡造诣

701年，正是在盛唐时期，诗仙李白出生于西域碎叶，5岁迁居绵州隆昌青莲乡。李白自幼跟随他父亲李客学剑，15岁拜左邻击剑老人学练剑术，20岁常骑马佩剑出入于通都大邑，练得一手好剑术。

李白一生爱好舞剑，并精通剑术，生平总是"剑不离身，身不离剑"。《宣和书谱》中曾说他"卯岁知通书，及长好击剑，落落不羁束"。

■李白（701—762），唐代浪漫主义诗人。李白生活在盛唐时期，他性格豪迈，热爱祖国山河，游踪遍及南北各地，写出大量赞美名山大川的壮丽诗篇。他的诗，既豪迈奔放，又清新飘逸，而且想象丰富，意境奇妙，语言轻快，人们称他为"诗仙"。李白存世诗文千余篇，代表作有《蜀道难》《将进酒》等，有《李太白集》传世。

李白15岁时，在《结客少年场行》一诗中写道：

少年学剑术，凌轹白猿公。
珠袍曳锦带，匕首插吴鸿。
由来万夫勇，挟此英雄风。

李白常常是"抽剑步霜月，夜行空庭遍"。如果遇到酒酣或有感慨时，李白则更是浪漫，"起舞拂长剑，四座皆扬眉"；而一旦吃醉了酒，李白便是"醉来脱宝剑，旅憩高堂眠"，什么也不管了。

■ 李白雕像

李白出蜀后，他南游洞庭，东览吴越，寓居安陆，在漫游各地期间，他随身佩剑，勤学苦练，在他很多诗中，都提到过他的宝剑。如"高冠佩雄剑，长揖韩荆州""腰间延陵剑，玉带明珠袍"等。

736年，李白又从湖北安陆移居东鲁汶阳。据《五月东鲁行答上翁》中说，李白35岁时"顾余不及仕，学剑来山东"。

李白移居东鲁汶阳后，听说白云庵有位白云师太剑术很高，名冠东鲁无敌手，很想与她比试比试，论个高低。可是，他几次登门寻访，均未见到白云师太的踪影，心中不免有些遗憾。

这天，"五岳寻仙不辞远，一生好入名山游"的李白，佩剑携酒，又去登游龙门山，从赤龙潭、灵光

**延陵剑** 春秋时期吴季札封于延陵，平生最重信义。一次途经徐国时，徐国的国君非常羡慕他佩带的宝剑，季札因自己还要遍访列国，当时未便相赠。待出使归来，再经徐国时，徐君已死，季札慨然解下佩剑，挂在徐君墓旁的松树上。

■ 李白晚年雕塑

稽首 出家人所行的常礼，一般在见面时用。行礼时，双手上不过眉，下不过膝。端身正立，两目垂帘，平心静气。行礼时手与鼻相平，不可高于鼻。掌心向内，掌背向外画弧，滑落于胸口上，右手画弧线向下右环绕，同时躬身。

寺到秀灵台、未来香，只见山清水秀，云蒙雾罩，如同仙境。

李白刚登上龙门山顶，只觉得眼前一亮，山顶上正有一位尼姑，手舞宝剑，疾如闪电，击刺挑格，动作敏捷。李白喜出望外，高兴万分，不由喊道："白云师太吗？你让我好找！"

白云师太见有人找，赶紧收剑站定，稽首问道："请问施主，找我何事？"

李白施礼抚剑："我乃青莲居士，特来讨教。"

白云师太有意推辞："佛道两家，师不同门，互不相扰，请道长自重。"说罢转身欲走。

李白上前拦住："李白云游八方，均为以剑会友，请师太莫要推辞。"

白云师太仍然冷若冰霜："道长与我素不相识，更无怨仇，何必争斗？"

李白执意比剑："久闻师太大名，难得一见，常言道不打不成交，请师太出招。"说罢先自抽出宝剑，摆出架势。白云师太万般无奈，只得抽剑应战，但并不急于出招。

李白素来好胜，率先出手，击刺挑格豪气纵横，削劈点撩、剑法刚硬。白云师太则剑法典雅飘忽，变化多端、虚中藏实，柔中带刚。两人交战3个时辰，未见输赢。

后来，李白求胜心切，出剑险重，白云师太心气太平，只守不攻。李白越战越猛，白云师太身软手轻，好像是体力不支，猛然打了个趔趄，露出了破绽，李白瞅准时机，快速出手，朝白云师太刺去。

殊不知这是白云师太一计，只见白云师太不慌不忙，接住来剑，按、拧、拨、带，使了个四两拨千斤的技法，李白猛然扑空，失去重心，脚下无根，再想收剑，已经晚矣，噔噔噔噔，向前冲出五六步，"咯吱"一声，将宝剑插进了石缝，再怎么拔也拔不出来了。

这时，白云师太走来，手握剑柄，一推、一送，轻轻一抽，"噌！"的一声，就把宝剑取出。这回，李白可真佩服得五体投地，豪风傲气飞得一干二净，当即拜白云师太为师，攻练剑术。

经过半年苦练，李白的剑术大有长进。也悟到了以柔克刚、水滴石穿的道理，对白云师太更加敬佩，以致萌生了爱慕之心。

李白本就风流才子，曾几次劝说白云师太还俗，还流露了自己纳妾之意，都被白云师太严词回绝。可李白仍不死心，苦苦追求。

白云师太对李白也有爱慕之心，但更敬重他的才华。一怕误了李

剑术雕塑

**裴旻** 唐文宗年间，曾下诏正式将"李白的诗歌、张旭的书法和裴旻的剑术"称为"三绝"，世人称他们三人分别为"诗仙""草圣""剑圣"。从李白的诗、张旭的字这两绝推想，裴旻的剑术自然也是妙绝通神。

白的前程；二怕坏了自己的名声；三怕毁了李妻许氏的幸福，落万人耻笑，难以做人。

白云师太生怕李白继续纠缠，夜长梦多，便对李白明言："本人既已出家，断不能沾染尘事，道长已有妻室儿女，怎能想三想四，咱们师徒一场，到此为止。请你下山吧！"

李白见白云师太很是生气，慌忙赔罪："请师父原谅，千错万错都是我的错，今我剑法尚未学成，请师父不要赶我下山，从今往后，我一定专心学剑，摈除杂念。"

白云师太决心了断，干脆利落，说道："你若学剑，可拜我师兄裴旻为师。他的剑术更加精湛，可迎刃断百箭，令奚人均胆寒；他善于拉弓射箭，一天射虎三十一。师兄的剑术武功，高我百倍。"

经白云师太推荐，李白对裴旻敬佩十分，便给他写信说："奴白，愿出将军门下。"

裴旻当时也隐居在东鲁汶阳，见李白如此好学，诚心诚意，又有师妹白云的推荐，同意收李白为徒。

李白在东鲁汶阳学剑3年，以"铁杵磨针"的精神，日夜苦练，长期不懈，剑术几乎达到了炉火纯青的程度，曾多次受到

■古代侠客雕塑

裴旻的称赞。

李白学剑来山东，为的是除暴安良，助人于困，曾得到各地豪侠的敬重。魏颢在《李翰林集序》中说，李白打抱不平，为民除害，曾手刃数名恶人。

李白在与侠客交往中，得江南友人赠龙泉剑。李白《留别广陵诸公》诗中，"金羁络骏马，锦带横龙泉"曾提到此剑。

唐代文人崔宗之称赞李白："担囊无俗物，访古千里外。袖有匕首剑，怀中藏陵书。"

太极拳

蓬勃发展

武行天下

李白通文好武，一生致力诗作，但却身不离剑，而且刻意求精，力图强体健魄，陶冶情操，锤炼意志，献身许国，这种精神和毅力，一直为世人所敬佩传颂。

李白的梦想是做一个伟大的侠客，曾经以自己的梦想写了《侠客行》《白马行》等诗篇，

"长剑一杯酒，男儿方寸心"，李白除了酷爱剑外，对酒更是情有独钟，有"斗酒诗百篇"之誉。唐人爱剑、好诗、任侠，文武不殊途，这是普遍的社会风尚，但在李白身上表现得格外突出。

李白后裔曾传有《李氏剑法》，上书：此剑法乃家父所创，剑诀心法十八言、三十六剑式，诸式精深奥变，吾熟习剑式，难悟其式变化之精奥，故录备苦练，恐负严父之望，伯禽习录。

伯禽就是李白的儿子，小名明月奴。

《李氏剑法》的"心法"中说：

老君拂袖天门开，拨云斩妖魔星摘，

虎扑鹰搏身剑快，足踏魁罡杀敌败。

剑势神勇罡气在，身若游龙刚柔快，

眼明意到身剑致，剑法有式杀无式。

剑遂意行巧准快，身剑合意精妙在，

虎势仗剑惊陌怪，怒吼长啸取敌帅。

天王举剑除孽害，剑气如尘荡尘埃，

非是好杀生灵害，为保太平万民快。

回剑拂袖定收式，凝神舒气静泰然。

　　"剑式"从"老君拂袖""拨云望月"，直至"挥剑画虹""老君掸尘"，共三十六式。

阅读链接

　　能诗能剑也能酒，李白风采照千秋。剑代表诗人的精神和理想，寄托着诗人的抱负。"长剑一杯酒，男儿方寸心"。李白正是这样来理解剑的。因此，他要像鲁仲连、诸葛亮、谢安那样为国家建立奇勋的愿望，常常是通过剑来反映的，"不然拂剑起，沙漠收奇勋"。

　　同样，当他在人生的道路上遇到坎坷或波折时，也常以剑来表现自己的苦闷心情。例如，当李白的心情异常沉痛和苦闷的时候，吟诵的就是"停杯投箸不能食，拔剑四顾心茫然"的绝唱。

宋代尚武风气盛行，设有"武学"，每年春秋各考核一次。宋王朝颁发考核士卒武艺标准，十分重视军中将士武艺的提高。通过比试，分出上、中、下等级。

元代是我国北方蒙古族建立的王朝，蒙古族由于以游牧为主，军中历来重视骑射，每逢重大节日多举行骑射活动。由于在民间禁止练武，武艺被搬上了舞台，出现了不少武打剧目，各类兵器也出现在武戏场上，使武术文化得到了普及。

横空出世
武林雄风

# 赵匡胤改进武术训练制度

927年3月21日，都府洛阳夹马营赵家出生了一个面方耳大、眉清目秀的婴儿，取名匡胤。这个大胖小子的出生，乐得全家合不拢嘴。赵氏"累代仕官"，赵匡胤的祖父做过营州、蓟州、涿州刺史。父亲

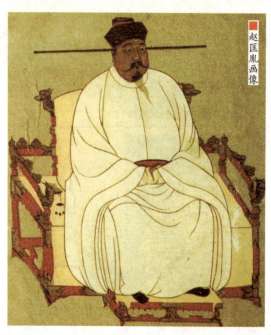

赵匡胤画像

赵弘殷武弁出身，擅长射击，跟随晋王后，奋勇冲杀，战功赫赫，遂被晋升为飞捷指挥使。晋王夺取后梁帝位建立后唐，定都洛阳，赵家也随迁而至。

赵匡胤7岁时，开始接受教育，以便子承父业，走上仕途。不料，安定日子没过几年，又出现政局动乱。赵弘殷怕误儿子的学业，请来

一位姓辛名文悦的同乡，给匡胤当业师，讲习五经。

辛老先生是饱学宿儒，勤于治学，对学业抓得很紧，但赵匡胤受着时代的熏陶，耳濡目染，干戈扰攘，哪里有心思苦读嚼蜡似的"之乎者也"。

当一听先生说放学，赵匡胤就像离弦的箭，拔腿而出，伙同孩子们玩起做操演打仗的游戏，很快就成了孩子王，只要他一声令下，没有一个孩子不听话的。从学塾归家，他命令孩子们排队，自己押在队后喝令，队伍好生整齐。

赵匡胤10岁时，后晋灭后唐，迁都汴梁开封，赵弘殷也举家随迁，住进汴梁龙巷。从洛阳到汴梁，赵匡胤也逐渐长大，生就一张紫红的大脸，魁梧的身躯，雄伟英俊，十分洒脱。他稳重深沉，善于思索，决心弃文习武，走武力统一天下的道路。

948年，赵匡胤21岁那年，告别结婚3年的娇妻贺氏，孤身一人闯荡江湖。也就在这一年，赵匡胤来到少林寺学习武术之后，自己独创了一个套路，即后世所称的"太祖长拳"的雏形。

赵匡胤在少林寺学艺之后，继续他的游侠之旅，

■ 赵匡胤夜谈图

**刺史** 我国古代职官，汉武帝时始置，"刺"，检核问事之意。刺史的主要职责是巡行郡县。刺史制度在西汉中期得到发展，对维护皇权，澄清吏治，促使昭宣中兴局面的形成起到积极的作用。

观 道教建筑，原是古代天文学家观察星象的"天文观察台"。据传最早住进皇家"观"中的道士是汉代的汪仲都。他因治好汉元帝顽疾而被引进皇宫内的"昆明观"。从此，道教徒感激皇恩，把道教建筑称为"观"。

一路上惩治各地恶棍。

他来到山西太原时，遇到了叔叔赵景清。当时赵景清在本地一座叫清油观的道观中出家当道士，于是赵匡胤在那里停留下来。

有一次，赵匡胤偶然看见道观中一座紧闭着的殿房里，有一个美丽的少女。一打听，原来这位少女是蒲州人，被强盗抢到这里。

侠义心肠的赵匡胤听了这位少女的悲惨遭遇，毅然决定把她送还家里。途中遭到抢夺姑娘的那伙强盗的袭击，但赵匡胤将之一一击退，最终平安地将姑娘送回家乡。这就是"千里送京娘"的佳话。

在结束游侠生涯、成为一名职业军官后，赵匡胤为了训练士卒，总结平生武学，综合士卒在战场上真拼实杀的格斗经验，编制成了三十二势拳法。

959年，赵匡胤陈桥兵变，成了宋代的开国皇帝。昔日士卒自觉身价陡增，于是在民间传授赵匡胤三十二势拳法，并名之曰"宋太祖三十二势长拳"。

赵匡胤本人练得一身好武艺，十分重视军队武术训练，在他即位的次年，就在京城教阅禁军，据《梦粱录》

■ 少林寺拳术

记载，每年春秋二季"禁中教场，呈试武艺，飞枪斫抑，走马舞刀，百艺俱全"，形成一种尚武的风气。

宋代的军队实行募兵制，通过选拔、考试任用武艺人才。颁布实施教法格，使军事训练规范化、系统化，教射、教刀、教枪都有严格的规定。

据1044年编写的军事著作《武经总要》记载："凡教刀者，先使执持便惯，乃以形制轻重折代猛劣而为之等"；"教弓者，先使张弓驾矢，威仪客止，乃以弓之硬弱，箭之迅速，远近弓之亲疏，穿甲重数而为之等"。

不仅有统一的训练操典，在考核面前也有明确而细致的规定，《在辛校试诸军技艺格》将考核标准分为上、中、下3等："步射三中为一等，二中为二等，一中为三等"，为了达到统一标准，军队"日夜练习武艺"，大大推动了军队的训练。

在教法格的实施过程中，需要专职人员传受学习，"教头"便应运而生了。

教头既教阵法，也传武艺，扮演着重要角色。当时著名的豹子头林冲，就是禁军教头，功夫十分过硬。王安石在《将兵法》中将由朝廷委派武艺高强者到地方各路军中充任教头，当作一种制度固定了下来，"使兵知其将，将练其士"。

■ 宋代执剑武官石刻

《梦粱录》宋代吴自牧著。共20卷，是一本介绍南宋都城临安城市风貌的著作。《梦粱录》之得名，与成语典故"黄粱美梦"有联系。

中国功夫

中华武术历史与文化

■《清明上河图》局部

**《清明上河图》**
我国十大传世名画之一，是北宋时期画家张择端仅见的存世精品，生动记录了我国12世纪城市生活的面貌。在画卷里，共绘了各色人物、牛、骡、驴等牲畜，车、轿、大小船、房屋、桥梁、城楼等各有特色，体现了宋代建筑的特征。

为了满足需要，还采取短期培训和轮流集训的办法为基层培养教头。

1079年宋神宗颁布的《府界集教大保长法》规定，每两县设一"教场"，集中保长培训，"每十人一色事艺，置教头一"，受训时由朝廷供给费用，三年期满后回乡"立团教"，大保长为教头，以五日为一期训练保丁，形成了一个自上而下的训练体系。

宋代的教头只有训练的责任，无统领调遣军队的权力，他们的主要工作和精力就是研习武艺，提高兵械技艺。

宋代商业繁荣，城市发达，汴梁、临安都是工商业荟萃的大都市，著名的《清明上河图》就生动地描绘了当时开封汴河两岸店铺林立、市民簇拥的热闹场面，《梦粱录》也记载了南宋京城临安的繁荣。"买卖昼夜不绝，夜交三、四鼓游人始稀"。

在这样的城市文化氛围里，"诸色艺人"靠献艺、献技争得了一席之地，其中也有角抵高手、武艺名家。

瓦舍、勾栏为大批职业艺人提供了相对固定的表演场所，使拳、使棒、舞剑、舞刀枪者比比皆是。据《梦粱录》记载："瓦市相扑者，乃路歧人，聚集一等伴侣，以图标手三资，先以'女飐'打套子，令人观睹，然后以膂力者争交"。"女飐"就是表演武艺的女艺人，"打套子"实际上是表演单练、对练、集体表演等武术套路。

**阅读链接**

如果教头传习教法是统治者加强军队建设需要的话，那么瓦舍、勾栏中的"女飐"之流，则满足了观众娱乐的要求，前者更多地从实战技击要求，后者表演除了技击特点外还需考虑其观赏性。教头和女飐们以不同的方式，在宋代促成了武术的专门化、职业化、商业化，极大地推动了武术运动的发展。

# 岳飞强化军营武术训练

在北宋南宋之交的1103年，岳飞出生于相州汤阴永和乡孝悌里的一个贫苦农家，父亲岳和为其取字"鹏举"，希望他像大鹏一样翼展九天。岳飞自幼酷爱武术，他的授业恩师就是大名鼎鼎的周侗。周侗早年就学得一身武艺，人称"陕西大侠铁臂膀周侗"。

■周侗画像

周侗成年后，得到当时地位显赫的包拯赏识，进入军中为军官，后担任京师御拳馆教师。他一生中有3位得意弟子，他们分别是：勇冠三军的80万禁军枪棒教头豹子头林冲、河北大名府绅士、水泊梁山坐第二把交椅的玉麒麟卢俊义，最后一位

就是名扬天下的武穆王岳飞，他就是岳鹏举。

周侗年老后辞官，在刘光世幕府做过一段幕宾，刘光世军驻河南，因此得以在汤阴县收岳飞为徒。周侗见岳飞家境贫困，仍在岳母的教导下，在沙面上学写字，颇为感动。故将岳飞收为义子，将自己的毕生所学传授与岳飞，包括排兵布阵之法。

从岳飞和同村的小伙伴汤怀、王贵、张显拜周侗为师后，每天就在三教寺里习练武功。周侗非常喜欢这些孩子，将刀枪剑戟等十八般兵器一一尽数相传。

在各式兵器中，岳飞最喜欢用弓，有段时期曾专门向周侗学习射箭，进步很快。这一天，周侗、岳飞师徒来到三教寺外的汤河大堤上，周侗当众演习，连发3箭，箭箭中的。

到岳飞了，但见岳飞上前一步，定气凝神，引弓搭箭，只听"嗖"的一声，再一看，居然射破了老师周侗的箭尾。接着，岳飞又连发两箭，箭箭皆中。

■ 岳飞学艺图

包拯（999—1062），累迁监察御史，建议练兵选将、充实边备。后改知谏院，多次论劾权幸大臣。授龙图阁直学士，历权知开封府、权御史中丞、三司使等职。他是古往今来知名度最高的官员，是黎民百姓呼唤清官与盼望治世的精神寄托，也是集中体现秉公执法、一身正气的精神力量。

■ 岳家军

**百步穿杨** 春秋战国时期，楚国名将养由基从小喜欢射箭，他学射箭非常专心，每天坚持练习，终于炼成极高的射箭本领，他能在百步远的地方射中杨柳的叶子，而且射100次，中100次。后用"百步穿杨"形容箭法或枪法技艺非常高明。

周侗大吃一惊，欣喜过望，从此对岳飞尤为器重，将自己的全部射箭秘诀倾囊而授，各种武艺无不悉心指导。

岳飞经过几年的勤学苦练，箭法精准，臂力过人。18岁时便可挽硬弓150千克，劲弩八石，还掌握了左右开弓、百步穿杨的绝技，以致后来岳家军中不少将士在他的教授下也都成了神射手。

1123年农历九月十四，周侗卧病数月后已到弥留之际。这一天，他把岳飞叫到跟前，拿出自己珍藏多年的硬弓两张、素白袍一件、红鸾带一条相赠，留下遗言将其葬于三教寺后边。

岳飞悲痛万分，准备好衣衾棺椁，遵遗言将恩师装棺入殓，安葬于三教寺西北角，并亲书碑石。为报答恩师多年的苦心教诲，每逢初一、十五，岳飞必要带上酒食、烧纸等祭品上坟祭奠。

有时手头无钱，他就当了自己身上的衣服，也要买些祭品。每次上坟，岳飞还要带上恩师周侗所赠硬弓，引弓朝天射上3箭，以表永怀先师传艺赠弓之恩。

周侗临终前，将岳飞介绍于神枪手陈广门下，习练枪法。陈广见岳飞勤奋好学，举止不凡，便潜心传授陈家独门七十二路枪法。经过一段时间的训练，岳飞便成为全县无敌的神枪手。

岳飞得周侗和陈广两位高师传授，精通各种拳法和十八般兵器，尤精骑射，对六合大枪更是运用得神出鬼没，有诗赞曰：

神枪起法冷飕飕，穿心得蟒凤点头。
六合神枪多变化，独战军中万将愁！

关于"六合枪"的起源，有多种说法：

第一种说法，就是六家的枪法合到一块儿。头一家，是楚霸王项羽的项家枪。项羽使大枪占一绝，其中最绝的招是霸王一字摔枪式。因为项羽有举鼎拔山之力，所以他在枪上的功夫谁也比不了。他的盖顶3枪，打遍天下没对手，是项家枪的一绝。

第二家，是三国年间刘备手下的大将，常山赵云赵子龙的赵家

少林六合枪法

岳飞塑像

枪。赵云号称常胜将军，赵家枪占着个"柔"字，他以使用巧妙而驰名天下。

第三家，要算罗家枪，最出名的就是罗成，他的卧马回身枪堪称天下一绝。

第四家，是北宋六郎杨景杨延昭的枪，老杨家七郎八虎，能耐最大的就数老六杨景。他曾经写过一本枪谱，论述大枪的使用方法，别出一派，故此也占着个绝字。

第五家，是高家枪。白马银枪高世纪，使大枪占一绝，家里自有枪谱，与众不同。

第六家，就是小霸王项鸿家。他们家把以上5家招数中的精华抽出来，与他家的精华合六而一，故此才叫六合枪。

另一种说法：六合枪指内、外三合。内三合：心、气、胆，外三合：手、脚、眼，眼与心合、气与力合、步与招合。

岳飞从军后，从一名小兵而官升至节度使，百战百胜，无一败绩，岳飞曾单枪匹马勇闯金兵大营，杀敌千人，刺敌酋长黑风大王。

岳飞在日常战斗中，总结很多实战经验，并创立了六合门派，有少林六合拳、六合刀、六合大枪，广泛传播于河南开封、汤阳、新乡、安阳等地区，后来流传于安徽、江苏、江西、山东、山西，与本地武技有效结合，逐步形成了岳家连拳门、通背门、意拳门、心意门、形意门等门派。

岳飞所创的六合门讲究的是三体式桩法，六合也分为内三合和外三合。内三合讲的是心、气、意三合，外三合讲的是肩、肘、膝三合，内柔外硬，以力为基，以快为上，攻防鲜明，而且十分讲究三元六合，炼成混元一气。

先前，岳飞的师父周侗得到《易筋经》后，将它传与了岳飞。岳飞创立岳家军后，为提高部队战斗力，就印制100多本《易筋经》，分于各支部队，练习易筋经功夫。

《易筋经》《洗髓经》据传是禅宗初祖菩提达摩祖师西归印度前，留在少林寺的镇寺之宝。《易筋经》可以强身壮力；《洗髓经》可以修心养性。此二经道出一源，互为表里，合练方能彼此增益。

**阅读链接**

岳飞是历史上有名的大英雄，当时与他成为敌手的是金国的金兀术，当时金国擅长马战，打仗时他们常用铁链把许多马链上，后面跟着很多用铁甲包成的车，用这些办法他经常打赢宋朝的军队，他的这种战术就被称为"铁拐马"。

后来岳飞想出了破"铁拐马"的方法。打仗的时候，用竹竿上缠上镰刀，勾马的小腿，这样"铁拐马"就成了"拐马"了。金兀术的大军被岳家军打得落花流水，从此岳飞的军队就被人称为"岳家军"，而他们的大名就被很多人知道了。

# 福居觉远荟萃中华武术

　　自唐代以后，少林寺成了全国武杰向往的圣地，也是我国武术一个重要的集散地。在宋代时，少林方丈大和尚福居，德高望重，佛武医文皆通，名扬天涯海角。为了增加众僧武功，他共邀18家高手，汇

■ 觉远大师蜡像

集少室，一则授艺于僧；二则各演其技，择优互学，取长补短。

在此基础上，根据福居大师的指示，由弟子灵智、灵丘等广泛吸取众家之长，汇集成《少林拳谱》。拳谱包括十八家拳械，其中有宋代以前十三棍僧的十三路看家拳、十三棍僧的稀有兵器、孙恒的猴拳、孟苏的七势拳、崔连之的炮拳、黄忠的罗汉十八手及通臂拳、杨滚的大力金刚拳及六合拳、燕青的擒拿点穴功法、高怀德的春秋大刀。

■ 少林拳术

总的来说，《少林拳谱》由福居大师和灵智、灵丘等弟子汇编，其中拳术173路，兵器133路，另集奇功，共计330路，绘图3850幅。这大大丰富了我国武术套路，并且也将我国武术做了一次系统的总结。

金元时期，少林寺中还有一位觉远上人，他本来是严州一世家子弟，性情豪迈，从小就喜欢练习拳脚棍棒、擒拿格斗，在性格上是一个豪放之人，喜欢结交朋友。

而且觉远还是一个有恒心的孩子，自从他拜了当时非常有名气的恒温为师后，练起武来格外认真，

罗汉 又名"阿罗汉"，即自觉者，在大乘佛教中罗汉低于佛、菩萨，为第三等，而在小乘佛教中罗汉则是修行所能达到的最高果位。佛教认为，获得罗汉这一果位就是断尽一切烦恼，受天人供应，不再生死轮回。在我国寺院中常有十六罗汉、十八罗汉和五百罗汉。

少林拳术

每天都早早起床，晚上很晚才睡觉，有时在梦里还在琢磨着武术的招式。很快，觉远就把十八罗汉手练得精熟了。

觉远在少林寺出家时，少林寺的方丈就是福居大师。福居大师要完成荟萃天下武功的大业，于是他就准备派武功高强的少林僧人遍访天下武林名家，觉远和尚就是福居大师派出的武林高僧之一。

一天，觉远和尚正在兰州街头行走，集市上走来一位年近六旬、精神矍铄、鹤发童颜的老人，手提一酱油瓶在人群中匆匆赶路。谁料人流拥挤，酱油瓶不慎从老人手中跌落，酱油飞溅，弄脏了一位壮汉的衣服。

壮汉一见大怒，便不由分说，伸出巴掌，左右开弓，就朝老人脸上扇去。

老人边后退边躲闪，并躬身施礼道："壮士，请恕老朽有眼无珠。"但这位大汉对老人的道歉视而不见，反飞起一脚当胸踢来。

正当觉远路见不平，欲拔刀相助时，壮汉朝老人裆下又是一脚，只见老人躲闪灵巧，大汉这一脚踢在墙上，震得泥土纷纷落地，大汉捂着脚趾连连叫疼。

缓过劲来的壮汉更是恼怒，纵身跳起，又朝老人脸上踢来，老人也不躲避，只是微笑着顺势抬起左手，将他的脚跟轻轻向上一抬，那大汉便仰面朝天，摔出了两丈多远。老人头也不回，朝城北走去。

觉远心想，今天肯定是遇到武林高人了，于是便尾随老人出了城门。一直追到日落西山，才见老人走进一间茅屋。

觉远忙上前拜访，老人于是告诉觉远，他姓李名奇，人称李叟，家乡在中原一带，李叟年少时，即以擒拿著名，后商贩于兰，不肯以武功示人，平生练习大小洪拳，故身法甚灵捷，以掌法骈指为专门绝技，并精棍击。

觉远听完介绍说："弟子是少林僧人，奉方丈的命令遍访武林名家，拜师学艺。"接着又把福居方丈的打算说了一遍。

老人想了想说："我根本算不上什么武林名家，我为你推荐一个人，我的老友白玉峰乃当世技击家之魁，大河南北无人能及，他现居洛阳，你可以去拜访他。如果他能够帮助你，要胜过我千倍。"

于是，他们一同前往洛

**洪拳** 有大洪拳、小洪拳和老洪拳之分，素有"洪拳为诸艺之源"之说。历史上洪拳几经演变，成为我国最古老的拳术之一，洪拳逐步发展为北方的红拳、南方的洪拳和中原少林看家拳，世代相传至今。

■ 少林洪拳

阳，几经周折，终于在洛阳福禅寺找到了白玉峰。白玉峰是山西太原人，当时已50多岁，看上去身材并不高大，但非常健壮。

李叟引见后，白玉峰笑着说："原来是福居方丈相请，如果推辞就是对方丈的不恭敬。明日我们就同回少林。"

后来他们在少林寺朝夕演练，取旧时宗法，融会贯通，白玉峰还将罗汉"十八手"增至"一百七十三手"，并亲自创编了龙拳练神、虎拳练骨、豹拳练力、蛇拳练气、鹤拳练精的五拳要领，据说这就是后世的"五形拳"。

■ 许真君塑像

李叟也将擒拿、棍法绝技悉心传授。后少林有棍击一术，即为李叟所传。其棍共七法，一点、二拨、三扫、四撬、五压、六坐、七退跃，其法甚精。

后来白玉峰也剃度为僧，在少林寺做了和尚，法号"秋月禅师"。李叟在少林寺传授武艺10余年后离开，他的儿子留在少林寺，皈依了佛门，法号"澄慧"。

觉远上人在白玉峰、李叟的传授下，遂"推阐变化以臻厥大成"，并立"十戒约

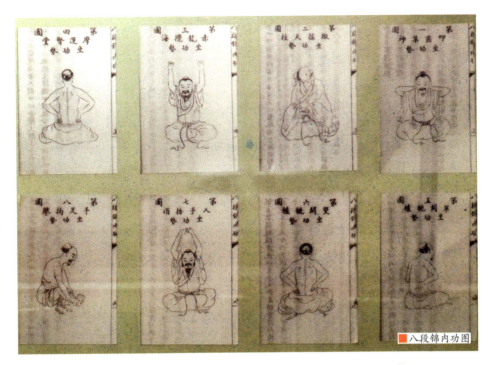

八段锦内功图

规"，成为其他武术门派共同效法的圭臬。

白玉峰又将达摩《易筋经十二势》，及于元末明初传入少林寺的由晋代许真君创的八段锦，化为"少林十八法"。立式八段锦原名为"许真君引道诀"，即"仰托一度理三焦，左肝右肺如射雕。东肝单托西通肾，五劳回顾七伤调。游头摆尾通心脏，手攀双足理于腰。次鸣天鼓三十六，两手掩耳后头敲"；坐式八段锦名为"钟离祖师八段锦导引法"。

**阅读链接**

　　觉远的武学路线与福居相反，他是"走出去"，而不是"请进来"。觉远上人游遍中原、江南、关外及西域等地，兵荒马乱之中收集少林僧俗各式武艺，于战火困厄之间可博采众家之长。

　　留有《少林七十二艺功谱》传世，成为少林基本功夫的最权威的文献。

# 张三丰开创武当内家功夫

张三丰，名张全一，字玄玄，号三丰。元末明初武当山著名道士。

史书记载，张三丰是辽东懿州人，风姿魁伟，龟形鹤骨，大耳圆目，须髯如戟。寒暑唯一衲一蓑，或处穷山，或游闹市……书经目不忘，凡吐词发语，专以道德、仁义、忠孝为本。"所以心与神通、神与道一、事事皆有先见之理也"。或三五日一餐，或两三月一食；高兴时穿山走石，疲倦时铺云卧雪，行住无常，"人皆异之，咸以为神仙中人"。

张三丰画像

张三丰幼年拜张云庵为师学静功，后来，他结合静功又糅合易经八卦，演创新的功法修炼。然而创新并非易事，几年下来，静功和八卦始终糅合不到一块。

一天，张三丰正在演练这套功法，忽然一个穿戴肮脏的道人从他面前经过，哈哈笑着说："万物生于机缘，万事成于机缘，机缘到事半功倍，机缘未到事倍功半。"

张三丰一惊，见这个道人黄发黄须，尖嘴猴腮，其貌不扬，说出话来却蕴涵玄机。他连忙收功迎上去施礼："请仙长明示。"

那道人却一手环抱胸前，一手甩向身后，飞快地走了。

张三丰明白，人外有人，

张三丰塑像

天外有天。看来修道不能老是待在一个地方，要出去游历，广见世面。于是，他决意外出云游，访问名师，增长见识。

这一天，张三丰来到陕西终南山，这里山高林密，在树木掩映处有座庙观。张三丰细看，庙门口的匾额上写着"火龙观"，里面飘出香烟，传出仙音。他大步向火龙观走去，一位黄头发黄胡须的老道迎了出来，张三丰细看就是上次说机缘的道人。

原来道人乃火龙真人，在这火龙观修炼了90余年，再有3年就要羽化，很想最后收一个关门弟子，已经遍游天下，寻访高足。上个月在金台观终于访到了张三丰，看他刚届不惑之年，日后定然前程无量，所以决意收他为徒。

火龙真人收下张三丰为徒，又赐道号"玄玄"，教授他《道德真

■ 武当内丹功修炼

经》，领悟玄法天机。

对于老子的《道德经》，张三丰不知读了多少遍，可火龙真人讲起来，他却又领悟到了新意。在终南山学道4年，离开后便云游天下。

这一年，张三丰进入武当县，看那四山环抱中，黑压压一片楼房瓦屋，高低错落有致，街道纵横，绿树成荫，人来车往，熙熙攘攘，感觉此地非同一般。

张三丰初到武当，不便到武当山各宫观挂单居住。他见武当县衙西边的凤凰山脚下，有眼山洞，洞中虽然阴暗肮脏，到底可以藏身。他在山上拔了一捆干草，垫到洞里，坐到里面练起了静功。

静功又叫"内丹功"，静功练到结丹，方为练成。阴暗肮脏的山洞，正是练静功的好去处，他由静功练到辟谷，十天半月可以不吃一餐饭，有时出去化缘，一餐又可吃几升米。

张三丰在山洞一住3年，练静功练到了结丹，终于练成。这时，他身上的衣服又脏又烂，请施主给补成了百衲衣，头发胡须蓬松如草，由于长年不洗脸不洗澡，脸上手上腿上污秽黢黑，人们都称他"邋遢道人"，或叫他"张邋遢""邋遢张"。

张三丰练成了内丹功，便离开山洞，出了武当县，来到县城东边的九龙山，这里山环水绕，碧树

**洞天福地** 就是地上的仙山，它包括十大洞天、三十六小洞天和七十二福地，构成道教地上仙境的主体部分。除此之外，道教徒还崇拜五镇海渎、三十六靖庐、二十四治等，我国五岳则包括在洞天之内。洞天福地多系实指。

掩映，是一方修炼的洞天福地，他就在九龙山下结庵，取名"会仙馆"。他夜练静功，晨练动功，而且试图把静功和动功结合起来。可是他试了多次都失败了。

这天早晨，他刚到门前的场子上，准备再练动静结合之功，忽然听到茅庵后面喜鹊"喳喳"狂叫，不由走过去看个究竟。当他转过屋角，一个有趣的现象，呈现在他的眼前：

一棵梧桐树上垒着一个喜鹊窝，一条花蛇图谋不轨，要到窝里吞食喜鹊蛋，喜鹊护蛋，便与花蛇展开了一场罕见的争战。喜鹊飞来飞去，要啄花蛇；花蛇尾巴缠到树枝上，身子倏忽躲闪着，伺机反咬一口，可喜鹊飞旋着躲开。它俩轻柔回环，盘旋飞舞，打斗多时，简直不分胜负。

张三丰定神看了一会儿，忽然省悟，花蛇盘旋，喜鹊飞舞，不正是在划弧转太极吗！他不由欣喜地叫道："好啊！练动功，当如此练。"

张三丰受到启迪，悟出了道家动功真谛，他根据道教理论中的"道法自然""守柔处雌"等理论，把道家的内丹功、养生家的导引术、武术家的拳法、军事家的兵法，加以糅合、编创和演化，作出了集大成的贡献。

创造了以内丹为体、技击为用，养生为首、防身为要，

武当道士

以柔克刚、以静制动、借力打力、后发制人的具有独特功理功法、运动体系和形式的武当内家拳。

张三丰这套拳法，踏罡步斗，划弧转圈，以静制动，以柔克刚，借力打力，后发制人。

后来，张三丰离开武当山，不知去向。当年湘王朱柏朝谒武当山，寻张三丰不得，写有《赞张真仙诗》一首，诗写道：

> 张玄玄，爱神仙。
> 朝饮九渡之清流，暮宿南岩之紫烟。
> 好山劫来知几载，不与景物同推迁。
> 我向空山寻不见，徒凄然！
> 孤庐空寂大松里，独有老弥松下眠。

明清时期以后武林多称张三丰为武当内家拳、太极拳创始人。经历代宗师的继承发展，武当武术成中华武林一重要流派，逐在民间传播，影响深远。

**阅读链接**

数百年来，武当拳以张三丰为旗帜，万派归宗，薪火相传，门派林立，弟子亿万，蜚声海内外，造福全人类。由于张三丰的巨大贡献，古往今来一直受到人们的尊崇。

永乐皇帝还在张三丰活着的时候，就在武当山为他修建了遇真宫，铸像供奉，香火祭祀，享受帝王的待遇。几百年来，武当山的张三丰铜像，一直展示着这位和蔼可亲的道德高人、武术老人的风采。

# 精武英雄

明代是我国武术发展与提高的高峰期，这一时期已把武艺中的武术改变为了一项正式体育运动项目，使防身、健体、表演三者兼备，而且门派林立，体系完备，对各种拳械综合归并，统称为"十八般武艺"。

清王朝曾经禁止民间练武，但民间则以"社""馆"形式秘密传授武艺，从而使得武术派别林立，数量之多是前所未有的，较大的拳系就有几十个，套路有几百种。

# 俞大猷精研武术著《剑经》

■ 俞大猷塑像

自从唐代嵩山少林寺十三棍僧之一的智空来到泉州传授少林功夫，便逐渐形成了南派少林功夫。

至明代，东南沿海经常受到倭寇的侵害、骚扰和侵犯，军民奋起抵抗，涌现出很多抗倭好汉、民族英雄。最有名的是"俞龙戚虎"。俞是俞大猷，戚是戚继光。

传说俞大猷的母亲是清源山水流坑人。俞大猷年轻时常常在清源山习武，在一块大石头上跳起跳落练胆量。到俞大

■ 少林武僧棍术表演

猷建功立业成名之后，这块大石头人就被称作"练胆石"，俞大猷又亲笔题4个字"君恩山重"在上面，成为后来清源山的一处人文景观。

有一个同安人李良钦，精通"荆楚长剑"，早年浪迹江湖，晚年来到泉州，住在凤凰山少林寺，凤凰山当时也叫东岳山。

他看见俞大猷体格好，手脚灵活，胆子又大，读书识字，人很聪明有志气，他就对俞大猷说："老夫曾得异人传授，通晓少林棍法，你可愿意学，将来报效国家？"

俞大猷很欢喜，马上拜李良钦为师学功夫。一个愿意真心教，一个愿意尽心学，经过勤学苦练，俞大猷终于达到了"剑术天下第一"，跨马而骑，引弓飞矢，百发百中的境界。

有一次，李良钦和俞大猷对练，李良钦叫俞大猷大胆出手，真刀真枪进招，要试他的功夫深浅。

**泉州** 我国著名的侨乡和台胞祖籍地，闽南文化的发祥地，闽南文化保护的核心区与富集区，历史文化厚集、古迹众多、文风浓郁，有"海滨邹鲁""光明之城"的美誉，是古代"海上丝绸之路"的起点，宋元时期被誉为"东方第一大港"。

■ 俞大猷抗倭图

**杨家枪** 全名为"杨家梨花枪"，传为南宋时期红袄军首领李全的妻子杨妙真所创的枪法。在明代，杨家枪名声很大，被誉为最上乘的枪法，古代兵书《武编》《纪效新书》《阵记》等书均有记载，是为当时山东等地专习。

俞大猷起初不敢真实落力，李良钦一面步步紧逼，一下赛过一下猛，一面叫俞大猷放手还击。俞大猷激起勇气，施展出全部所学的少林棍法。毕竟师父年老，徒弟少年，李良钦居然不是俞大猷的对手。

李良钦十分的宽慰，说："果然是青出于蓝而胜于蓝，后生可畏！徒儿的少林棍法已在为师之上，将来必定会成大器！"

后来，俞大猷又吸收教师刘邦协、林琰的棍法，再取山东、河南杨家枪之妙着，使自己的少林棍术无敌于天下。

同时，俞大猷又先后拜王宣及林福、军事家赵本学等人为师，学习《易经》与兵书，皆得三家所长，成为文武双全的将才。

1561年3月，俞大猷自云中南回来，路过河南嵩山，想起恩师所传的少林棍术出自嵩山少林寺，饮水思源，便到少林寺拜谒。

在寺内，俞大猷看少林寺武僧练武，特别注意少林棍僧的棍术，发现和师父李良钦所教的少林棍似是而非，相差很大。再认真比较一下，觉得比自己掌握的少林棍法差很多，不像是少林寺的真传。

俞大猷心里疑惑，便去拜会少林寺住持小山上人，向他请教。小山敬重俞大猷是朝廷命官，又是战功赫赫的武将，就集合全寺所有精通棍术的千余武僧，各人尽展功夫，演练给俞大猷看。

小山上人本来以为俞大猷看了一定会口服心服，大大奉承鼓励一番。哪知俞大猷看了，摇摇头说："下官也粗通少林棍术，只是与众位师父所练的不相同。若不嫌弃，下官愿意献丑，请各位师父指教。"

众武僧看见俞大猷要切磋武功，立刻叫好。

俞大猷将外衫脱掉，拣一根长棍，掂掂正合手，就踏马势出棍，"唿！唿！唿！唿！"将平生练就的少林棍法施展出来。只见他有进有退，有跳有闪，忽左忽右，忽前忽后，攻中有守，守中有攻，将一根长

**蛟龙** 蛟和龙是不同的生物，蛟龙是蛟和龙交而成。龙是我国传说中的一种善变化、能兴云雨、利万物的神异动物，为众鳞虫之长，四灵之首。蛟龙若遇雷电暴雨，必将扶摇直上腾跃九霄，成为凌驾于真龙之上的神龙。

■ 福建南少林

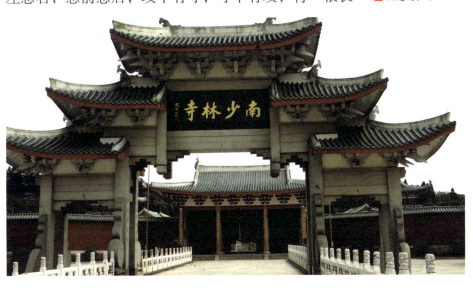

俞大猷传授武僧棍法

棍舞得像出海蛟龙，矫健盘旋，上下翻飞。

看得少林寺众武僧眼花缭乱，齐声喝彩。不但众武僧口服心服，小山上人也大开眼界，知道自己寺中少林棍术已失真传了，因此，就恳请俞大猷传授，众武僧也诚恳要求。

南北少林本是一家，俞大猷为众武僧求艺心切所感动，也感到自己有传授少林棍真功夫的责任，就答应了。

俞大猷告诉众僧，学习棍术必须掌握总诀，即刚柔、阴阳、攻守、动静、审视、功力、手足等动作的灵活运用，而这些总诀，非经数年苦练是不能领会的。

但是，俞大猷军务在身，延误不得，学好武功，又非一朝一夕之事，所以就和小山上人商量挑选两个条件最好的武僧，一个叫宗擎，一个叫普从，跟俞大猷南下，随军学艺。

俞大猷利用公务之余，把他少年时跟师父李良钦学的少林棍，结合自己多年演练的体会和临阵克敌制胜的经验，写成一本书，名为《剑经》。俞大猷将棍称为"长剑"，因此《剑经》就是棍经。

《剑经》一书熔铸当时众多武术家之技击特色，他吸取了杨家枪之长，又以棍法补枪法之短，使棍法尽可能达到尽善尽美。

《剑经》一书，刊刻于1557年，后来收入俞大猷所编的《续武经总要》中。《剑经》的内容是由"剑""射""阵"3法组成，其中的精华部分在于"剑"，也就是棍法。

俞大猷认为棍法是长兵的基础，明代另一著名的武术家程冲斗也认为"棍为艺中魁首"。

俞大猷很巧妙地以儒家经典作比喻："用棍如读《四书》，钩、刀、枪、钯如各习一经。《四书》既明，六经之理亦明矣。若能棍，则各利器之法从此得矣。"

《剑经》强调随时以"奇正相生"的变化，以静制动，后发而先至，在敌"旧力略过，新力未发"时，施以突击，"打他第二下"，"刚在他力前，柔乘他力后，彼忙我静待，知拍任君斗"。

俞大猷在《剑经》中详尽地阐述了棍法的原理以及各种实战技击方法，揭示了棍法的奥妙与真谛。《剑经》中所提到的各种技击要领，不仅对于棍法有着重要的指导意义，对于各种搏击术也有着重要的参考价值。

戚继光称赞《剑经》："千古奇秘尽在于此，近用此法教长枪收明效，极妙！极妙！"

**阅读链接**

俞大猷不但长于军事，而且精通六经，守金门、武平时，都建"立马读易轩"，读书授众不绝。他治军，以《易》来指导剑术和战阵法式，以儒家的忠、义、仁、信等取信于士兵；其理民事，亦以儒家的仁、信等来折服百姓；其在抗倭战斗中的杰出表现，主观上是激发民族正气，发扬朱熹的攘夷思想。

其记室李杜为《正气堂集》作序写道："其学莫非兵，而论兵莫非《易》。"时人评价俞大猷说道："公为将，未事之先，则心周万全之算；即事之后，则每垂悠久之虑。其周万全之算以底事成绩，则古名将盖多有之；其垂悠久之虑以裁乱兴治，则其用心非儒者不能也。"

# 王郎仿自然创立螳螂拳

王文成画像

明末清初时，山东有个叫王文成的人，人称"王郎"，他去少林寺学艺，一练就是10年，精熟地掌握了少林拳路。为了探索各家拳法的奥妙，他走遍了北方四五个省。

有一次，王郎与人比试，斗败后在一棵大树下休息，苦思破敌之法。忽听得树上有蝉鸣，举目观看，见一蝉与一螳螂正在打斗，蝉虽六足不能胜螳螂两臂，蝉败于树下，螳螂迅速趋近而捕之。

王郎捉住螳螂，并将其带回少林寺，用草秸来挑逗它，螳螂则以一刀勾一刀打，转变有度，闪转灵活，王郎终日试之，而研究螳螂手法，观察其运用前两臂劈、砍、刁、闪的搏斗技巧，创出了钩、搂、采、挂、崩、劈、刁、截等技法，朝夕演练，将螳螂展现的功法悟彻，运用于拳理。

有一天，王郎又在寺外一棵树下练习时，有一猿猴偷取其衣而逃，他追逐猿猴却数次都无法接近它，追逐很久，猿猴才弃其衣而去。

王郎思之良久，模仿猿猴之足迹，变换之角度，而研究出猴之步法。至此王郎之螳螂拳初步形成了。

■ 螳螂拳

数年后，王郎在少林寺中与一名武僧较技，他以螳螂手法封其双手攻其双目，武僧败退而下。一下惊动了方丈，方丈请王郎在全寺武僧中传授螳螂拳法。

王朗在寺中三载后，入茅山隐居不出。寺中对此拳法轻易不外传，后有福聚禅师汇集十八家拳法创编出螳螂拳前后十六趟。福聚禅师又将螳螂拳法传给云游道友升霄道人，升霄道人得此拳法后传入民间。

螳螂拳属于象形拳，在精神方面吸取了螳螂的意念高度集中、刚毅机智的气概；手法上吸取了它巧妙运用两个前臂进行钩、搂、卦、劈等动作是所表现出的快速灵巧；身法上吸取了它腰身的仰、俯、拧、旋

**茅山** 著名的道教圣地。茅山道教源远流长，相传早在距今5000多年前，就有高辛氏时代人展上公修炼于句曲山伏龙地；先秦时，有燕国人郭四朝修炼于玉晨观、李明真人修炼于古炼丹院；东晋时期，茅山人葛洪在茅山抱朴峰修炼，并著书立说。被道家称为"上清宗坛"。有"第一福地，第八洞天"之美誉。

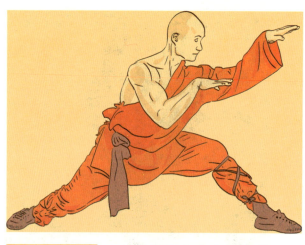

■ 少林螳螂拳

的灵活多变；步法上吸取了它的踏实、稳固以及前后左右闪展腾挪的突跃等。

当时螳螂拳只有一种。以后一传再传，逐渐演变，分为三大派，分别为梅花螳螂拳、七星螳螂拳和六合螳螂拳。

梅花螳螂拳为山东威海都莲茹所传，以后传至东北及南方和全国各地，其拳偏刚，故有人称为"硬螳螂"。身法要求：拧腰坐胯，意形并重，内外兼修。步型有马步、弓步、虚步、丁步、蹋步、路虎步、玉环步。歌诀："骑马登山吞托式，御敌跨虎姿。"称为"螳螂八势"，为梅花螳螂拳之基本功。

梅花螳螂拳套路很多，有牧童指路、白猿偷桃、崩步、拦截、梅花螳螂翻车、钩法、螳螂捕蝉、螳螂展翅、螳螂行等；器械有螳螂刀、枪、剑、棍等。

其手法有掌、钩、爪、拳、指5种。手法概括有12个字，即提拿封闭、粘黏帮贴、来叫顺送，动作灵活多变，非常机警，进退自如，神形具备。爆发力及寸劲最多。

梅花螳螂拳各种劲法齐全，腿法与脚法有弹蹬扫挂、抄端摆踢，以及反尖脚、斧刃脚和撩脚、杵脚、扣心脚等。

尤其突出肘法，套路就有"四套八肘"，其肘法

**寸劲** 指距离攻击目标很近，或者动作即将完成的瞬间，才突然加速收缩肌肉发出的短促的，刚脆的爆发力量。寸，即比喻发劲距离之短促。这个时机应在拳头放松出击至粘贴对方衣服时，才突然加速爆发最大劲力，俗称"沾衣发力"。

有黏肘、叠肘、墩肘、拐肘、顶肘、转肘、扑肘、朝天肘、掀肘等，何止八肘，只不过叫八肘而已。

螳螂拳之小臂由肘到小臂尺骨及臂之顶端部位，在技击手法上皆称为"肘"，这样肘法就更多了，如臂肘、弥肘皆是。

谱上说："全身十二捶，闪赚双手扣"。其十二捶是："头脚手肘肩膀膝胸背腹臀心"，扣者如纽扣之扣。故又有"采衣人扣"之说。真可谓全身是打，无处不打。

故梅花螳螂拳为长短具备、刚柔相济之拳术，技击性很强，属于短打类型的拳术。行功歌诀：

子午卯酉昼夜还，烧酒房事不可贪，
轻击重打有先后，日将月就勿间断，
昔日依此成罗汉，我辈学来做奇男，
千锤百炼犹嫌少，何惜工夫一百天。

七星螳螂拳据说为姜化龙所传，与梅花螳螂内容和技击特点大同小异，其练功方法，以七星步而得名，强调七星式，实为7个部位，即头、肩、肘、拳、膝、胯、脚作为种技击手段。有七星拳、崩步、拦截、梅花辘、梅花拳、白猿偷桃、白猿出洞、白猿攀枝、捕蝉、八肘、摘要等30余套。

少林螳螂拳

■ 螳螂拳

器械套路有刀、枪、剑、棍、拐子、三节棍、大梢子、大刀、双钩等。

七星螳螂拳劲法偏刚,也有柔劲,是刚柔相济的劲法。有长手有短手,其长可放长击远.其短有肩肘胯膝。身法是腰为轴,以胯为核心。

七星螳螂拳法之主要特点:朴实、明快而有力,不招不打,招之即打,连招带打。真所谓"不招不架就是一下,招招架架一连十下"。此是螳螂拳拳法、技击上总的要求。欲达此目的非一日之功。

六合螳螂拳是以山东招远县穿林家林世春所传的螳螂拳,因林世春以农为业,传人不多,林之师魏三,因其左手食指中指与无名指、小指有蹼相连,人称为"鸭子巴掌"。

六合螳螂拳与其他各种螳螂拳相比较,有明显的不同之处。由外形上看偏柔,由套路上看以暗刚暗柔劲为主,很少有爆发力,其劲多为内含,故有人称为"软螳螂"。

六合螳螂拳在身法上要求,既不同于太极拳的含胸拔背,又不同于长拳的挺胸收腹,也不同于八卦掌的紧背空胸。而是要求胸宽腹实,松肩探膀,腰如钻杆,手似机轮。并要求内外兼修,意形并重。

步型步法有弓步、马步、提前拖后步、前摆步、后摆步、三角步、滑步、闪骗步、坐步、流水步等。其坐步近似形意拳的三体式，左右闪骗步、三角步近似通臂拳的步法，灵活多变。其中的提前拖后步是前脚一收，足跟提起，大步前进，后脚拖进，非常快速向前逼近，前后摆步随身转动，向外门逼近。

手型有拳、掌、指、钩、爪5种。握拳时中指凸出，即尖拳又名"锥子捶"。手法上有16个字，即钩搂刀采、崩砸挂劈、粘黏贴靠、闪辗腾挪，并多缠绕旋转及风扫劲的手法。所以说有"鲤鱼扫尾，棍牛鞭之"的劲力。

腿法弹蹬扫挂、抄踹摆踢，以及反尖脚、斧刃脚等。"玉环步""鸳鸯脚"相传得自于北宋时期武松的真传，在技击使用手法时突出表现快近严密，手手连环，连击不止，是技击性很强的一种短打型拳术。

眼法要求手到眼到，有"神似猫捕鼠，眼若鹰捉

**玉环步** 螳螂拳中能致人跌翻的著名招式，此招动作采用的是小登山式的步型，俗称"螳螂步"，其独特灵便的技击方式和奇妙绝佳的技击效果，令其在螳螂拳的流传过程中一直颇负盛名。所谓"一经粘上，则神手难逃"，这是对螳螂拳高手施用玉环步而达到妙境的评价。

135

强国强身

精武英雄

■《水浒传》之武松打虎

鸡"的说法。

六合螳螂拳所以有人称为"马猴"螳螂，因其动作似马猴，两臂松柔而长，松肩探膀，放长击远，故有"马猴形象、螳螂技巧"之说。演练起来绵绵不断、一气呵成，非常连贯紧凑，也很舒展大方。

六合螳螂拳套路有：三捶截手圈、仙手锛、铁刺、叶底藏花、照面灯、双封、镜里藏花、短捶等。

六合螳螂拳的劲法，以暗刚暗劲为主，但不是完全没有爆发力。分析起来其劲法是比较全面的，包括有20余种劲法，分为两大类，即主劲与辅劲。主劲有明刚劲、暗刚劲、明柔劲、风扫劲、缠封劲、锯挫劲6种。辅助劲有长劲、短劲、粘黏为劲等19种之多。

道光年间，平度县崔家集李家庄李之剪得遇异人传授其螳螂拳术，武艺学成后设镖局于济南，盛名远播，有"闪电手"和"快手李"之美誉，以后又在闽侯府台任护卫，毕生英名不减。

李之剪清代光绪年间告老还乡后，由南至北访友归籍。因晚年无嗣，李之剪遍觅贤者以继承其技，至福山闻听王云生善拳法，登门访之，了解王云生的门户后，叫王云生演习观之不赞一语。

王云生不服与之较技，难于招架数败，于是拜李之剪为师，数年尽得其技。李之剪云游访友北去，传闻至奉天，以后又进关天津卫等地访友，不知其踪。

阅读链接　螳螂拳诞生的过程几乎是一切象形仿生拳种的创立过程。以后颇有影响的猴拳、龙拳、虎拳、豹拳、蛇拳、鹤拳、马拳、龟拳、鸡拳、狗拳、鹰拳、熊拳等，都是模拟动物的各种姿态，结合攻防需要创立的。这些拳种成为我国武术的精要内容，发挥了重要作用。

# 清初诸帝重视武术传承

满族人在关外时，主要以畜牧、游猎为生。因此，扬鞭策马，弯弓射箭，几乎是每个成年男子必备的本领。加之努尔哈赤为狩猎和军事行动的需要，创建了兵民合一的八旗制度，骑射更成为每个旗民的必修之课。

这种生产方式和社会制度为清王朝造就了成千上万能骑善射的将士。这些将士在努尔哈赤和皇太极创建清王朝的过程中贡献重大。

于是，骑射尚武，被清

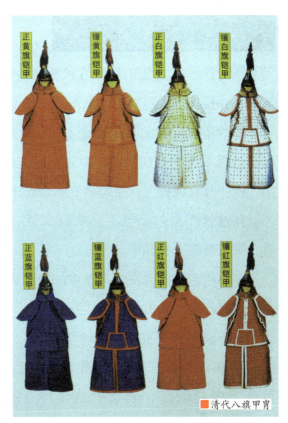

正黄旗铠甲　镶黄旗铠甲　正白旗铠甲　镶白旗铠甲

正蓝旗铠甲　镶蓝旗铠甲　正红旗铠甲　镶红旗铠甲

■ 清代八旗甲胄

■ 康熙（1654—1722），清代第四位皇帝、定都北京后第二位皇帝。取万民康宁、天下熙盛的意思。他8周岁登基，14岁亲政。是我国历史上在位时间最长的皇帝。他是我国统一的多民族国家的捍卫者，奠下了清朝兴盛的根基，开创出康乾盛世的局面。

朝的各位帝奉为"满洲根本""先正遗风"。

清代初期，顺治、康熙、雍正、乾隆诸帝，先后采取了多种措施，以保持骑射传统不至丢弃。首先是加强皇子宗室、八旗贵胄勿忘骑射传统的教育。

顺治帝曾规定，10岁以上的亲王及闲散宗室，每隔10天到校场进行一次骑射演习。对20岁以上的宗室要求更严，指定他们每年春秋要戴盔披甲，参加宗人府举行的弓马考试；并授权宗人府对态度怠惰，成绩低劣者进行惩处。

顺治帝对自己的儿子也毫不宽纵，特为幼小的玄烨，即后来的康熙帝选择了技艺高超的侍卫默尔根做老师，训练玄烨骑射，像读书写字一样"日有课程"。玄烨稍有不合要求，默尔根即直接指出。

在这样严格的训练下，玄烨练就一身好武功，能用长箭，挽强弓，策马射靶十有九中。

1683年，康熙曾在浅草丛中一箭射死猛虎，又传在马上连发3箭，箭箭射过峰顶，其山便称为"三箭山"。

晚年时，康熙帝曾对众群臣、侍卫说："朕自幼至老，凡用鸟枪弓矢获虎一百三十五，熊二十，狼九十六，野猪一百三十二，射获之鹿凡数百，其余射获诸兽，不胜计矣。又于一日内射兔三百一十八。"

康熙帝深感掌握骑射武功，是保持民族优势的一个重要条件。因此，不惜花费大量的时间和精力，亲自为诸皇子督课，命他们黎明上殿背诵经书，继而练习骑射，天天如此，从不间断。康熙帝本人也常常率领众皇子和侍卫大臣，到西苑紫光阁前练习骑射。

对于普通八旗子弟，康熙帝也采取了相应的措施，清入关以后，很多人见应举赴考升迁较快，纷纷放弃武功，争趋文事，骑射传统已渐有丧失殆尽的危险。康熙帝便在鼓励八旗子弟报考文场的同时，特命兵部先行考试满语和骑射。只有弓马合格者方准入闱，以示不忘尚武之本。

此外，康熙帝又大大提高武试人员的地位。自1690年后，每当在紫光阁前考试武进士骑射、刀、石时，康熙帝都亲自拔擢其中弓马娴熟、武艺高超者充任御前侍卫，附入上三旗。康熙帝曾留有紫光阁阅射诗一首，中有"队引花间入，镳分柳外催"之句。

确立大阅、行围制度，是清代王朝崇尚武功，倡导骑射之风的又一重要措施。大阅典礼，每3年举行一次。

皇帝要全面检阅王朝的军事装备和士兵的武功技艺。八旗军队则各按旗分，依次在皇帝面前表演火炮、鸟枪、骑射、布阵、云梯等各种技艺。

清代皇帝除以大阅这种形式来训练八旗军队外，也把大阅视为向各族

■清代皇帝画像

■ 清代骑兵画像

首领炫耀武力的机会。

　　1685年，蒙古喀尔喀诸部台吉进京朝贡，康熙帝特命举行大阅，演习一批新型火炮，并全副武装来到举行大阅的王家岭。参加检阅的10多万官兵，早已陈兵列队于山坡谷底。

　　康熙帝升座之后，军中响起了螺号声，接着红旗飞扬，排炮并发。几百门大炮相继轰鸣，场内的靶标随声而倒，场面十分壮观。随同康熙帝参加大阅的蒙古各部落王公贵族，从未见过如此阵势，不免呈现惊惧之色。

　　康熙帝十分得意，但却假作安慰："阅兵乃本朝旧制，岁以为常，无足惊惧也。"

　　自1682年起，康熙帝每年都用田猎组织几次大规模的军事演习，以训练军队的实战本领。或猎于边区、或田于塞外，四五十年来，从未中断。

对皇帝这样不辞劳苦，每年往复奔波于长城内外，不少朝臣困惑不解。有人甚至以"劳苦军士"为由，上疏反对。

这种与尚武之风背道而驰的奏疏，自然遭到康熙帝的拒绝。他不但一如既往进行大规模军事训练，而且为平息蒙、藏地区的动乱，还数次领兵亲征宁夏、内蒙古。

有一次，康熙帝率军行至呼和浩特，遇到风雪交加的恶劣天气，行营处早已准备好御营，但康熙帝为鼓舞士气，却身披雨衣，伫立旷野，直至几十万大军全部安营扎寨，才入营用膳。

事实证明，由于康熙帝不忘武备，勤于训练，军队才能在平定三藩、收复宝岛台湾等战役中，获得辉煌的战绩。康熙帝晚年曾以满意的心情回忆这段往事：

若听信从前条奏之言，惮于劳苦，不加训练，又何能远征万里之外而灭贼立功乎。

为了进一步提高军队的习武技能，清代初期诸帝还设立了善扑营、虎枪营、火器营等特殊兵种。专门演习摔跤、射箭、刺虎以及操演枪炮等。

康熙初年，辅政大臣鳌拜专权跋扈，康熙帝就是借助一批年少有力、善扑击之戏的卫士，除掉了权臣鳌拜。此后，正式设立善扑营。

清代火枪

每当皇帝在西苑紫光阁赐宴蒙古藩王或亲试武进士弓、马、刀、石时，均由善扑营表演相扑、勇射，并为武进士预备弓、石。

雍正年间明文规定：汉武进士一甲第一名，即武状元，授一等侍卫，第二、三名授二等侍卫。对习武的人来说，担任御前侍卫，是难得的荣耀。

尽管清初诸帝十分重视对子孙后代的骑射传统教育，但承平安定的环境，却使宗室王公的成绩每况愈下。至乾隆年间，有不少王公贵族已不会讲满语，弓马技术也很平常。

乾隆帝对此十分恼怒，下令宗人府每月要考察宗室王公子弟一次，"若犹有不能讲满语，其在宗学者，着将宗人府王公等及教习一并治罪，其在家读书者，将伊父兄一并治罪。"

对宗室王公，乾隆帝则亲自指派皇子或御前大臣主持，每季进行一次满语和骑射的考试。

乾隆帝时，特命在紫禁城中兴建练习骑射的箭亭一座，并在箭亭、紫光阁及侍卫教场等练武场所刻石立碑，教育子孙后代永远铭记娴熟骑射、精通满语的尚武传统。他还为自己取号"十全武功"。

中华武术历史与文化

**阅读链接**

火器营是随着八旗军队中，鸟枪火炮的数量不断增多而设置的。早在关外时，八旗军队就开始使用枪炮。康熙帝在平定三藩叛乱时，才发现库存火炮的数量和质量，都已无法应付大规模的战争。

当时清王朝中并无兵器专家，康熙帝只好任命在钦天监供职的比利时传教士南怀仁试制新炮。

随着战争的深入，枪炮的需求量越来越大，使用火器的士兵也越来越多，于是康熙帝将这批人组织起来，设立了火器营。使用鸟枪火炮等较进步武器，无疑有促进在八旗军队中倡导尚武之风的作用，并使传统武术与现代兵器结合起来。

# 少数民族武术传承不衰

　　至清代，我国统一多民族国家的格局最终形成。而在此之前，历史上曾经发生过多次民族融合，这也促成了武术的交流与传播，光彩夺目的少数民族武术，成为中华武术不可分割的组成部分。

　　也可以这样说：中华武术是以汉民族武术为主体，融汇多种民族武术形式而形成的。

　　早在先秦的时期，生活在我国北方地区的匈奴、鲜卑、突厥、契丹等民族就精于骑射，《文献通考》记载：

契丹武士壁画

　　　　儿能骑羊，引弓射鸟鼠。
　　稍长，则射狐兔，食肉。士力
　　能弯弓，尽为甲骑。其俗：

宽则随畜田猎禽兽为生，急则人习攻战以侵伐，其天性也。其长兵则弓矢，短兵则刀铤。

在武术界颇有影响的"射柳"，就是匈奴民族古老的习武活动。《汉书·匈奴传》记载："秋，马肥，大会林。"颜师古注："林，绕林木而祭也。自古相传，秋天之祭，无林木尚树柳枝，众骑驰三周乃止"。绕林木驰马骑射，这种活动即"射柳"。在辽、宋、金、元各代比较盛行，史书中多有记载。

少数民族的尚武精神和骑射本领对内地影响颇大，赵武灵王就倡导"胡服骑射"，《史记》记载赵武灵王的话说："中山在我腹心，北有燕，东有胡，西有林胡、楼烦、秦韩之边，而无强兵之救，是之社稷，奈何？"

他不顾众人的嘲弄，决心改变中原民族宽袍长裙的服装，换上便于习武的短裙窄袖，从而使国力大增。赵武灵王的做法吸取了北方民族尚武强悍、勇于战斗的精神，是民族武术相互交流的一个典型例证。

以后历朝历代都很注意学习少数民族高超的武艺。一些地处偏远的民族，在生存竞争中，锻炼出了武勇蛮健的体魄和高强的武艺，如《乐府歌》中曾记述了一位女中英雄秦可休："秦家有妇女，自名曰女休。休年十四五，为宗行

**社稷** 社在古代指土地之神，按方位命名，实际象征国土。古代又把祭土地的地方、日子和礼都叫"社"。稷指五谷之神，即能生长五谷的土地神祇，这是农业之神。后来"社稷"就成为国家的代称。

■ 古代剑士

报仇，左执白阳刀，右据宛景矛。"一手拿刀，一手持矛，飒爽英姿。

《晋书》记载秦世宗苻健，其母梦大黑熊而受孕，"及长勇果使弓马"。苻健的儿子苻生，生下缺一目，儿时，苻健嘲笑他，"生怒，引佩剑自刺出血"，可见其勇猛。"及长，力举千斤，手格猛兽，走及奔马，击刺骑射，冠绝一时。恒温之来伐也，生单马入阵，搴旗斩将者前后十数。"

一些少数民族尚武的传统长盛不衰，其中回族武术、苗族武术、土家族武术、傣族武术等少数民族武术形式深受练家喜爱，魅力无穷。

回族，即穆斯林，以强健、勇武、团结和不畏强暴著称于世，回族武术十分发达，其主要的武术项目有散手、长兵、短兵、拳术、鞭杆、龙爪钩、五虎群羊棍、查刀、查枪等器械和套路，在汉族武术中很少见，具有鲜明的民族特色。

回族鞭杆是由牧马鞭索发展起来的，由一根齐眉棍上缚一绳索，索端系一重约750克的钢镖。回族武术在历史上名声显赫，传说朱元璋起事时队伍中有很多回族将领，正是依靠这些穆斯林战将，朱元璋才得以建立明朝，所以民间有"十大回回保国"的说法。

著名的查拳，据传是由西域穆斯林查密尔创建

乐府 本是掌管音乐的机关名称，最早设立于汉武帝时，南北朝时期也有乐府机关。其具体任务是制作乐谱、收集歌词和训练音乐人才。后来，人们将乐府机关采集的诗篇称为"乐府"，或称"乐府诗""乐府歌词"，于是乐府便由官府名称变成了诗体名称。

清真寺 伊斯兰教建筑群体的形制之一。是穆斯林举行礼拜、举行宗教功课、举办宗教教育和宣教等活动的中心场所。唐宋时期称为"堂""礼堂""祀堂""礼拜堂"，元代以后称"寺""回回堂""礼拜寺"，明代把伊斯兰教称为"清真教"，遂将"礼堂"等改称"清真寺"。

的。当时他应诏东征倭寇，途经山东冠县张尹庄时身染重病，住在一户回民家中，受到精心医护。

痊愈后，查密尔传拳术一套，以示谢意，当地回民于是将这套拳称为"查拳"，以纪念这位传受拳术之人。从此查拳便流传开来，冠县也被称为"查拳的故乡"。

清代时，穆斯林为了保卫自己的民族和信仰，各地穆斯林在清真寺中设置习武场，每日礼拜后在一起习拳弄棒、切磋武艺，使回民武术得到了长足发展，涌现出众多的武学大师。

河北沧州回族武术家吴钟，雍正时被誉为"北方八门拳术之初祖"，擅长刚劲的八极拳，大枪也闻名于世。1735年，他曾三破少林寺，寺僧钦佩他的武功，赠锦旗一面，上书"吴钟大枪世无双"，他还两次与康熙第十四子允禵比武，接连两次在允禵眉尖上点白，而允禵竟无察觉，由此，"神枪吴钟"的美名流传天下。

苗族武术在苗语中称为"舞吉保"，源远流长，究其源，可追溯至上古时代的"角抵"，在湘西苗族聚居地流传

■ 清真寺建筑

着"蚩尤拳"，演练者头戴牛角，身披棕甲，腕套虎爪，保持着古老的民族风格。

在历朝历代，虽然苗族武术经常受到压制，但是生命力特别旺盛的苗民，为了生存，仍然暗中习武，并与生产工具结合，创造性地发明了许多罕见的兵器。苗民的"牛皮铠"，用牛皮滚包扎实，缝口上涂猪血、生漆，里面灌气，富有弹性。

据说"牛皮铠"的发明者石老岩与一教头比武，教头用棍"独劈华山"，石老岩用牛皮铠架格，只听"嘭"的一声，棍不翼而飞；第二回合，石老岩将气放掉，似一根软皮带，一个"顺水推舟"缠住来棍，轻轻一带便收了过去，令该教头赞叹不已。

苗家拳法结构紧凑、手法众多，讲究后发制人，特别重礼义、讲武德。苗家拳出手有"四用四不用"之说，即生死关头用，一般不用；路见不平用，忍得过去不用；首犯我者用，不犯我者不用；辱我族者用，一般欺我不用。

苗家收徒也有"三教、三不教"之规：温柔者教，好事者不教；知礼重义者教，亡命之徒不教；诚实本分者教，好色贪杯者不教。

■ 苗族藤甲

**武德** 早在春秋时期左丘明所著的《左传》中就有"武德有七"的论述。以后随着时代的展，武德的涵义也在不断地变化发展。大多以"尊师重道，孝悌正义，扶危济贫，除暴安良""虚心请教，屈己待人，助人为乐""戒骄奢淫逸"等作为武德信条。

苗族铁刀

苗家还有一种有名的"苗家双环刀"，仅尺余长，贴袖掩藏，用时瞬间亮出，锋利无比。

据史书记载，苗寨中有人得子，其亲家便送上顽铁一块，由匠人制成刀的粗坯，埋入泥沟。

以后每年取出锻冶一次，至小孩长到16岁时开刃，赶一头水牛快步走来，一挥刀牛头便悄然落地，而牛居然不觉疼痛，前走10多步才轰然倒下，足见刀之锋利。

中国功夫

中华武术历史与文化

阅读链接

我国幅员辽阔。一些地方的少数民族武术饶有趣味，如彝族燕尔新婚之时的武打，令人耳目一新。

古时候，彝族盛行抢婚，其中就掺杂有武打，《东川府志》记载："将嫁女，三日前，持斧入山，伐带叶松树，于门外结屋，坐女其中。旁列米渖数十缸，集亲族，执瓢杓列械环卫。婿及亲族新衣，黑面乘马持械至，两家械而斗，婿直入屋中，挟妇乘马疾驱走。女母持械杓半渖追逐浇婿，大呼余族同逐女，不及，怒而归"。

# 达于极盛的武侠精神

我国武术源远十分流长，其中历朝历代都流传着侠义天下的武侠精神，至清代，这种精神达到了极盛。

武侠不仅武艺高强而且有勇气，更重要是有"侠"的品质，《史记》的作者司马迁概括得比较准确。他在《史记·游侠列传》中说他们"其言必信，其行必果，已诺必诚，不爱其躯，赴士之厄困"。这就是自春秋战国以来我国所流传的侠的精神。

早在春秋战国时期，由于各国争雄天下，无不注意网罗有特

战国人物

■ 荆轲刺秦画像砖

**战国四公子** 战
国时代末期秦国
越来越强大，各
诸侯国贵族为了
对付秦国的入
侵，竭力网罗人
才。当时，以养
"士"著称的有
魏国的信陵君魏
无忌、齐国的孟
尝君田文、赵国
的平原君赵胜、
楚国的春申君黄
歇。因其4人都是
王公贵族，后人
称之为"战国四
公子"。

殊技艺的人才，出现了养士之风。战国四公子都曾养士数千人，而武侠人士更是他们刻意搜寻的人才。

古代武侠并没有很高的社会地位，他们在做出惊世之举以前，多是混迹于市井中的无名小民。

如战国时的朱亥是魏国都城大梁"市井鼓刀屠者"，聂政以屠狗为生，荆轲是一介游民。他们的抱负不同于世俗，平时的言行举止也不同于常人，虽然社会地位低下，然而自尊自强，卓然傲立，平交王侯，不为权贵所屈。如贵为王弟的信陵君多次邀请区区屠户朱亥，朱亥却置之不理。

由于武侠可以承担重大使命，而且这些使命常关系到君王的身家性命、社稷国祚，于是当时贵族看重他们重气节轻性命的品质，降尊折节，对这些人礼遇有加，结为心腹。

如吴公子光善待要离、专诸，以便让他们为自己登上王位行刺；韩国严仲子交结聂政以刺丞相侠累；燕太子丹为行刺秦王，尊荆轲为上卿，以山珍海味、车骑美女相待，而且每天亲自登门拜访。

一旦武侠感到自己得到尊重和信任，便为知己者去赴汤蹈火，必要时不惜一死，以报知遇之恩。我国历史上有许多这样的武侠以生命为代价，为报"知己"在历史上写下了惊心动魄的篇章。

春秋战国时的武侠，给后人以深刻的影响，他们的人格品质为后世不断颂扬，为人们所景仰，他们的言行举止，成为许多后人模仿的榜样，"风萧萧兮易水寒，壮士一去兮不复还"成为千古绝唱。

文武双全是我国古人的人格理想，文人以武学为好，武人以儒侠为尊。古代一般有钱人家的孩子除了要读"四书五经"、诗词歌赋以外，还有专门的武术老师教授传统武术。

风气所及，我国历史上出色的武术家往往也是出色的诗人和文学家，而以文学著名的士人往往也是武

**四书五经** 是四书和五经的合称，是我国儒家经典的书籍。四书指的是《论语》《孟子》《大学》《中庸》；而五经指的是《诗经》《尚书》《礼记》《周易》《春秋》，简称为"诗、书、礼、易、春秋"，"四书五经"是南宋以后儒学教学的基本书目，儒生学子的必读之书。

强国强身

精武英雄

■ 武当习武场景

■ 辛弃疾

术"练家子"，或者对武术有浓厚的兴趣。这种文武交融的现象在历史上屡见不鲜。

唐代诗人李白，其诗歌成就几乎前无古人后无来者，有诗仙之称。不过，李白早年爱好的是学剑求道，他曾经在青城山和道士学剑，又在山东齐州领过道教的道箓，正式成为道教的弟子。

南宋时期著名的词人辛弃疾，在我国文学史上与苏东坡齐名，历史上称为"苏辛"，词风豪放，语境瑰奇。辛弃疾是齐州历城人。他21岁参加耿京领导的抗金武装，为掌书记。1169年，奉耿京令南下归宋，宋高宗授以承务郎、天平节度掌书记。

辛弃疾返回山东时，耿京已被叛徒张安国杀害。他一怒之下，率领几十人连夜直奔金营，在数万人中活捉张安国南归。由此可见，辛弃疾武艺十分高强。

而且，辛弃疾创作的词许多都是描写战争和武功的，如《破阵子·为陈同甫赋壮词以寄之》：

醉里挑灯看剑，梦回吹角连营。八百里分麾下炙，五十弦翻塞外声。沙场秋点兵。

马作的卢飞快，弓如霹雳弦惊。了却君王天下事，赢得生前身后名。可怜白发生！

**青城山** 我国道教主要发源地之一，古名"天仓山"，又名"丈人山"。在四川名山中与剑门之险、峨眉之秀、夔门之雄齐名，有"青城天下幽"之美誉。青城之幽素为历代文人墨客们所推崇的。

词中用许多具体的形象写出了战场的壮阔，并透露了词人对战场情思的留恋和回味。这种壮阔的战场场景以及豪迈而悲壮的情思，如果没有实际生活经历是不可能写得出来的。

前期的武侠主要是以一诺千金、慷慨赴死的精神力量名垂青史，而至明清时期的武侠，给人们留下深刻的印象则更多的是他们杰出的武技。

清代康熙、雍正年间，著名的"江南大侠"江宁人甘凤池以其深厚的武功闻名天下。他客居京城时，山东济南的力士张大义慕名来访，一定要与甘凤池较量较量。

张大义身高八尺，腿力过人，并且在脚趾上裹有铁片，气势汹汹地扑将过来。甘凤池倚柱而立，以逸待劳。两人刚一交手，就听见张大义大叫一声，跌倒在地，血流了一靴子，解下靴子一看，铁片已经深深地嵌入脚趾中。

甘凤池不仅精于拳脚和剑法，武技高超，而且善

**掌书记** 全名为"节度掌书记"，是唐代初期为行军大总管府临时军事差遣，后来发展为文职僚佐，其名称也由记室、典书记、管记等固定为掌书记。随着藩镇权力的扩大，掌书记的地位也日益显得重要，掌表奏、书、徽等文书工作，是沟通藩镇与朝廷的高级文职僚佐。

153

强国强身

精武英雄

■ 古代侠士雕塑

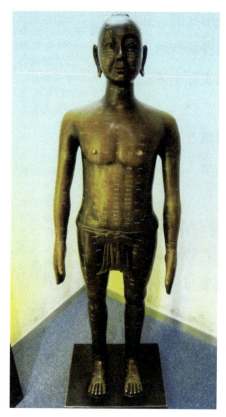

中华武术历史与文化

■ 经络铜人

**内家拳** 是相较于外家拳技而言的一种拳法理论。外家拳源于古代战场硬柄武器使用方法，而内家拳则是源于古代战场韧柄武器使用方法，主要是大枪术。宋代时为我国冷兵器的巅峰，硬柄武器使用方法已然成熟，同时韧柄武器也已经开始大量出现，于是也有了内家拳。

导引服气之术，有布气的能力。甘凤池家乡一个姓谭的得了痨病，医治无效，甘凤池就在一个静室里，每天夜里与此人背靠背坐，49天后这人的病就治好了。

他还有很强的硬功，"手握锡器，能使熔为汁，从指缝中流出"。

还有更神的故事，说甘凤池在客居太仓县张家时，一天在酒宴上闹着玩，于百步之外以棉团做成小球遥击梅花树花朵，上下左右，棉球到处，梅花随之坠地，满座皆惊。

我国武术发展至明清时期，由于内家拳的兴起，武侠们一般都达到了超常能力，特别是我国武术中的点穴术更是神奇无比。

《墨余记》记载了一个故事：明末清初时，上海武侠褚复生的家乡有一个外号叫"独骨"的地痞流氓，会武术，膀阔腰圆，力举千斤，仗着这些本事，在市场上横行霸道。商人不堪其扰，于是大家请褚复生为民除此一害。

在一次酒宴上，两人见面。酒过两巡，"独骨"就跳起来，手舞足蹈，捋拳作势，夸耀自己的勇力。

褚复生缓缓用筷子在他胸前轻点一下，轻声说道："你不能坐下来说嘛？"

"独骨"重新坐下，直至终席，一言不发。

散席后，商人们问褚复生，为什么不与"独骨"交手，他们哪里知道，褚复生用筷子轻点"独骨"时，用了内功。第二天，"独骨"浑身变色，青如蓝靛，不治而亡。

《清史稿》还记载了另一个故事：明末清初的武术家王来咸，以静制动，以点穴击人的内家功法非常高明。他与人搏击总是按照铜人经络图中标志的经络穴位，精确地点击对手的死穴、晕穴、哑穴等部位。

有一次他与著名学者黄宗羲同游天童山，遇到一个不讲道理的和尚少焰。少焰膂力过人，对付四五个人不在话下，以为王来咸可欺。

不料刚要接近王来咸，还未来得及施展他一身的蛮力，就被点中穴位，疼痛难禁，使不出半点力气。

王来咸以自己高超的武技，行侠仗义，曾替人报仇，但是他为侠有很强的正义感，绝不充当无原则的职业杀手。有人以重金请他杀自己的弟弟，王来咸认为这样做无异于禽兽，坚决拒绝这种不义之举。

我国文学史上，以武侠为题材的作品占有相当的分量。唐代的传奇就有描写武侠的作品，如《红线女》《虬髯客》《聂隐娘》等，明清时期以来，武侠小说更是大量涌现，出现了许多优秀作品。这些作品除了情

■ 黄宗羲画像

■ 《三侠五义》故
事雕刻

展昭 《三侠五
义》中的主要人
物之一，自幼习
武，善轻功、会
袖箭、剑法高
超，兵刃为巨阙
剑，后在茉花村
与其妻丁月华定
亲时交换了湛卢
剑。展昭与包拯
相识于包拯进京
赶考的途中。后
经包拯举荐，被
皇上御封为御前
四品带刀护卫，
封号"御猫"，
在开封府供职。

节引人入胜以外，同时也描写了形形色色的武侠人物群像。

如清代光绪年间刊出的石玉昆《三侠五义》，以民间流传的北宋时期名臣包拯的破案故事为主线，描写了一群江湖侠客的故事。

小说的前半部写的是包公在展昭、白玉堂等侠客的帮助下，受理民冤，神断疑案，同奸臣庞太师父子斗争的故事；后半部主要写侠客们替朝廷剪除叛藩襄阳王党羽的经过。其中锦毛鼠白玉堂的形象十分鲜明，他有着强烈的叛逆性格，身怀绝技却心高气傲、目空一切。

在武侠名著《儿女英雄传》中，文康成功地描写了一个侠女形象，这就是侠女十三妹。

十三妹本名何玉凤，出身于官宦家庭，因其父受害于权臣纪献唐，乃携寡母避居于青云峰，后从一道姑处学得绝世武功，于是驰骋江湖，千里独行，矢志报仇。在荒山能仁寺出手救了淮安知县的公子安骥及落难女子张玉凤，并由此演出一幕悲欢离合、最终大团圆的姻缘。

十三妹既有千里独行侠的气质，同时也是知书达理、忠孝节义的化身，把她描写成既有"儿女之情"，又有"英雄至性"的"人中龙凤"。实际上，何玉凤体现了儒家文化和墨家文化的人格理想，对后世的读书人影响很大。

清代晚期的笔记小说中还有一个与十三妹类似的女侠吕四娘。如雁北老人的《清代十三朝宫闱秘闻》、柴萼的《梵天庐丛录》、蔡东藩的《清史演义》、许指严的《十叶野闻》和孙剑秋的《吕四娘演义》等笔记小说中有详细的交代。

有关史料中关于吕四娘的记载极少，后人只知道她是清代大儒吕留良的孙女。吕留良，字晚村，吕四娘与甘凤池等人合称"江南八杰"。小说中描写的吕四娘是一个艳若桃李、冷如冰霜、庄重坚强、知书达理、有恩必酬、有仇必报的豪侠之

强国强身
精武英雄

**飞檐走壁** 是两种不同的功夫，人们常常把这两种功夫看作是一种功夫。飞檐，就是站在屋檐下，两脚用力，身体飞快地跃起，两手按住房檐迅速上房。走壁，是站在离墙壁四五米远的地方，飞快地跑到墙根，用脚踏住墙壁，借此冲力迅速跑上墙顶。后人用以指练武的人身体轻捷，能在房檐和墙壁上行走如飞。

■ 武侠故事雕塑

人，并且身怀绝技。

比如《吕四娘演义》中的吕四娘打得一手少林拳，无人能匹，她还会飞檐走壁、空中飞剑等。与何玉凤相比较，吕四娘的形象具有更多的神秘色彩，作品更突出了她的武功。

与此类似的，还有《雍正剑侠图》，叙述的是清康熙晚年的故事，直隶省霸州农家子童林，向武当派剑客学艺后下山，奉师命在武林"五宗十三派八十二门"之外另兴一家武术。

在北京他投身于四皇子胤禛府第。在与众多反对派比武对抗过程中，与众多武林上层人物结为挚友或金兰之好。

童林的仇家夜入皇宫盗宝陷害他，童林得到胤禛替他上下周旋，限期捉拿盗宝人将功折罪为引线。经过杭州擂台比武、北京亮镖会格斗、大破铁善寺等一系列大事件，最后，在童林等众侠客协助下钦差年羹尧带兵征讨蓬莱岛。

中华武术历史与文化

**阅读链接**

其实，《雍正剑侠图》中主人公童林的原型，就是八卦掌的创始人董海川。董海川身材魁梧，臂长手大，膂力过人，擅长技击。少时家贫，自幼嗜武，年轻时因误伤人命，奔走他乡。相传在安徽九华山得遇"云盘老祖"传授其技，创立了八卦掌。

董海川在王府当差时，因为一个偶然的机会才为人所知，一天，太极拳名师杨露蝉奉召在肃王府与府中拳师比武，连战连胜，最后竟将一拳师掷于园网之上。是时董海川手托菜盘由此经过，立即飞身上网救起拳师。董海川遂与杨露蝉相斗，双雄对峙，胜负难分。从此太极拳与八卦掌各立门户，桃李盈门，流传后世。

# 霍元甲精武会爱国强身

  1869年1月19日，在距天津市西15千米的小南河村的一幢普通北方民宅里诞生了一个男婴，他就是后来名满天下的著名爱国武术家霍元甲。

  霍元甲的父亲霍恩弟，是著名的"霍家秘宗拳"传人，身怀绝技，赫赫有名。由于霍元甲自小体弱多病，被父亲看作"非习武之才"，但霍元甲横下一条心，苦心钻研霍家武功，并虚心吸取各派所长，终于达到"体软如绵，骨坚似铁"的程度。

  1890年的秋天，霍家来了一个武林好汉，说是久仰霍家"秘宗艺"的大名，其实是来

霍元甲画像

比武。霍元甲三弟元卿与之较量，哪知3个回合便败下阵来。

霍恩弟正要亲自上场，霍元甲旋风般地一跃而出。老人家一看是他，气得不得了，但阻挡已经来不及了，两人已经动起手来。只见霍元甲进攻如闪电，站马步稳如基石。

只几个回合，霍元甲趁对手收腿未稳之际，俯身一腿扫去，对手一下子跌倒尘埃中。

这出人意料的一幕，使大家又惊又喜。霍元甲"武艺高强"的名声也传扬开去，被人称为"霍大力士"。

1901年，有一俄国人来到天津，在戏园卖艺，他在报纸上登出广告，自称"世界第一大力士，打遍中国无敌手"。

霍元甲见了广告，并听说俄国人还当场信口雌黄，侮蔑中国人无能，极为气愤，当即邀怀庆会馆主人农劲荪和徒弟刘振声前往戏园。

见到俄国大力士在台上吹嘘自己是"世界第一大力士"，"病夫之国"如有能者，可登台较量。霍元甲在台下哪里还坐得住，不顾众人劝阻，一个旱地拔葱，气宇轩昂地跳上戏台，开门见山地说："我是'东亚病夫'霍元甲，愿在这台上与你较量！"

翻译将霍元甲生平来历告知俄国人，此俄国人闻知霍元甲威名，不敢怠慢，连忙将霍元甲让进后台。

霍元甲当场质责俄国人："为何辱我中华？"并提出3个条件：一是重登广告，必须去掉俄国人是"世界第一"的说法；二是要俄国人公开承认侮辱中国的错误，当众赔罪谢过；否则就是第三个条件：我霍某要与之决一雌雄，并命其当机立断。

色厉内荏的俄国力士哪敢出场比武，只好答应前两个条件，甘愿登报更正和公开承认藐视中国人的错误，从而灰溜溜地离开了天津。

1903年，英国大力士奥皮音在上海报纸刊登广告，又辱我中华是"病夫之国"，摆擂挑衅。霍元甲毅然挺身而出，同样以汉英两种文字刊登广告："专收外国大力士，偶有钢筋铁骨，无所惴焉！"

在霍元甲的威慑下，奥皮音偃旗息鼓，悄悄溜走了。

比武未成，霍元甲留居上海，几年间结识了不少武林同道，并于1909年创办"精武体操学校"，校址设在闸北黄家宅，自己任学校"技艺主任"。

霍元甲为了强我国民体质，打破了千百年武术界的陋习，把世代相传的"秘宗艺"公开传授，此举受到了孙中山的赞赏，亲笔题写了"尚武精神"匾额相赠。

日本柔道会得知霍元甲挫败英、俄大力士，很不服气，1911年，便精选了10多名高手，来找霍元甲一试高低。

霍元甲先让徒弟刘振声上场，刘振声依照师父的嘱咐，开始纹丝不动。日本武士见状猛扑过去，抓住他的衣服想把他摔倒，哪知刘振声的功夫较深，日本武士使出多种招数，都无济于事。刘振声连败对方5人，日本

精武会练武塑像

领队非常恼火，便亲自上阵与霍元甲较量。他自恃技艺纯熟，但是一交手就知道了霍元甲的厉害。企图黑手伤人，被霍元甲识破，虚晃一招，用肋急磕其臂，日本领队骨断筋折。

日方承认失败。赛后，日方设宴招待霍元甲。席间，日本人知道霍元甲身患"热疾"，就介绍一个叫秋野的医生为之看病。哪知服药后，病反而逐渐恶化，仅月余，一代武术大师就含恨离开了人间，年仅42岁。

事后朋友们拿药去化验，才知是慢性烂肺药，这是日本浪人暗下的毒手。

霍元甲去世后，精武体操学校日趋衰败，在陈公哲、姚蟾伯、卢炜昌等人的资助下，"精武体操学校"改名"精武体操会"，会址迁入万国商团义勇队故址。

1915年7月，上海遭飓风，精武会会址被毁，于是陈公哲捐献地产，姚蟾伯与陈凤元两人分担建筑费用，于1916年迁入新会址，易名"精武体育会"，仍简称"精武会"。

精武会迁入新会址后，发展迅速。会员们每天在早晨出操时必先高唱《会歌》。这首《会歌》雄壮昂扬，据考是一位叫戴中其的先生所作。歌词是：

国不强会被毁灭，人不强会难自主！

振我精神，锻我筋骨，充我知能，坚我魄力。百炼此身如钢铁，任何威武不强屈！

大家齐步行，厉行三达德。起民疲，培国脉！大家齐努力，发扬"精武式"，卫黄魂，尽天职！

精武会成立以后，影响遍及全国，各地纷纷要求派员办分会，江南分会、浙江分会、汉口分会、广州分会、四川分会相继成立，在此期间，陈公哲，姚蟾伯、卢炜昌应华侨之邀出访国外，在东南亚一带建立了分支组织。

前后10余年间，精武会便由上海扩展至国内主要城市，并由国内伸展到南洋诸大埠。至1929年，据不完全统计，精武会有分会57个，会员41万多人。

当年，精武会总会和各地分会门前都挂有会旗。精武会旗又称"三星旗"，三星由上斜落，第一颗是黄星，第二颗是蓝星，第三颗是红星，分别代表体、德、智，意即炎黄子孙要以体、德、智三育修身，健身强国、振兴中华。精武会章，外形如一块盾牌，意为可武者旨在保身卫国，绝非恃强攻击他人。精武会还要求会员严格遵守"精武精神"。

精武门弟子

精神支柱是精武会兴盛的原因之一，虽然并非人人可以做到，但这种爱国、修身、正义、助人的精神确是相当有感召力。

精武会以"提倡武术、研究体育、铸造强毅之国民"为宗旨，设技击部、文事部、游艺部、兵操部。

技击部，主要负责推广武术，曾推广的武术种类包括潭腿、功力拳、八卦刀、五虎枪、大成拳等50多路。文事部，开设文化课程，所设科目有：国文、英文、图画、簿记、国医、急救、演讲、书法等。游艺部，主持文体活动。兵操部，传授兵式体操。

精武会成立的第二年，就拍摄了一套"精武影片"，分3集介绍了操练、比武、社交、精武运动会等内容。当时，电影在我国尚是新鲜事物，而以练武和比武为内容的影片更是稀罕，大概是我国电影史上最早的"功夫片"了。这部影片引起观众的强烈兴趣，观众空前。

精武会还团结各地高手，在教学切磋之余，编著出版了一大批武术著作，如《潭腿十二路》《潭腿卦图》《达摩剑》等，对介绍我国武术，起了重要作用。

由霍元甲初创的精武体育会，是我国近代武术史上一道亮丽的风景，精武会的成立以及所开展的各项活动，促进了武术运动的普及和传播，精武会所倡导的尚武精神，是在我国历史上最黑暗的时期里，它鼓舞着麻木、孱弱的国民起来抗争。

**阅读链接**

徜徉在松柏环绕的霍元甲墓，曾在一本资料中看到的精武会的一件轶事：

当年精武会曾筹集铸制了一座"黄钟"，钟高3尺许，顶上钟耳如皇冠状，铸时将黄金30两投入铁水之中，故全钟呈淡黄色。此钟悬挂于"精武公园"内供游人观赏。

1928年，日军攻占上海后，黄钟被毁，尸骸无存。